Collection Le Dart

DE CAEN

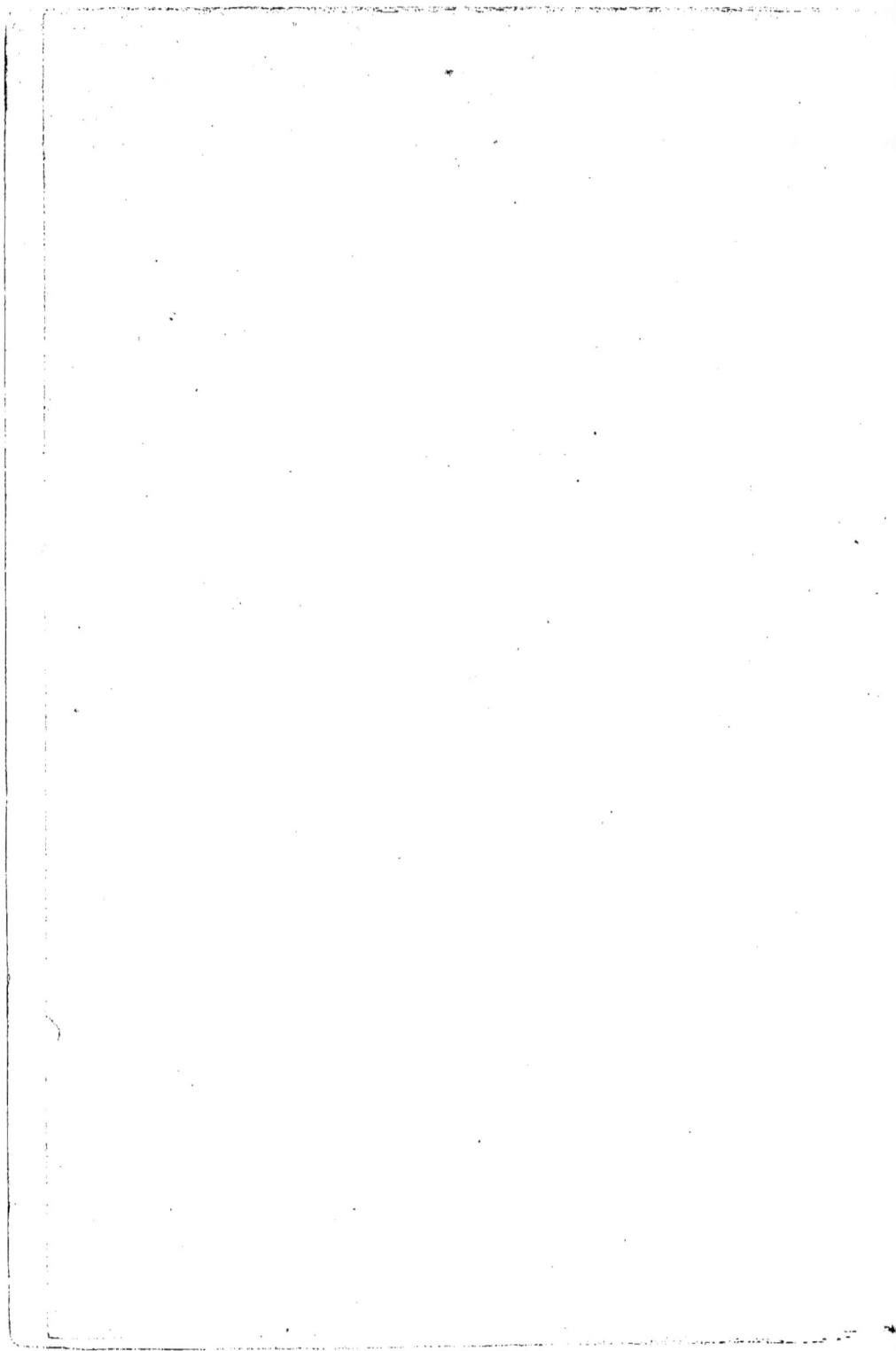

CATALOGUE

DES

TABLEAUX ANCIENS

AQUARELLES, PASTELS, GOUACHES, DESSINS

PRINCIPALEMENT

Des Écoles Française, Flamande, Hollandaise et Italienne

DES XVII° ET XVIII° SIÈCLES

TABLEAUX MODERNES, GRAVURES

OBJETS D'ART ET D'AMEUBLEMENT

PORCELAINES FRANÇAISES ET AUTRES

SÈVRES — PARIS — CHANTILLY — MENNECY — SAXE — CHINE, ETC.

FAIENCES

SCEAUX — ROUEN — STRASBOURG — DELFT, ETC.

Biscuits, Bois sculptés, Terres cuites, Marbres, Ivoires
Bonbonnières, Coffrets, Miniatures, Éventails, Émaux, Objets de vitrine, Objets variés

BRONZES — PENDULES

Cuivre, Argent et Métaux divers

MEUBLES ANCIENS

Provenant de la Collection de M. LE DART, de Caen

ET DONT LA VENTE AUX ENCHÈRES PUBLIQUES AURA LIEU

HOTEL DROUOT, SALLES N°ˢ 9 & 10 RÉUNIES

LES LUNDI 29, MARDI 30 AVRIL
MERCREDI 1ᵉʳ, JEUDI 2, VENDREDI 3 ET SAMEDI 4 MAI 1912

à deux heures

COMMISSAIRE-PRISEUR	EXPERT
Mᵉ Gustave LARBEPENET	M. Georges GUILLAUME
23, rue de Choiseul	13, rue d'Aumale

EXPOSITIONS { PARTICULIÈRE : *Le Samedi 27 Avril 1912*. . } DE 2 HEURES
{ PUBLIQUE : *Le Dimanche 28 Avril 1912*. } A 6 HEURES

SALLES N°ˢ 9, 10 & 11 RÉUNIES (Entrée par la rue Grange-Batelière)

CONDITIONS DE LA VENTE

Elle sera faite au comptant.

Les adjudicataires paieront *dix pour cent* en sus des enchères,

Paris. — Imp. de l'Art, Ch. Berger, 41, rue de la Victoire.

L'ORDRE DES VACATIONS

Le Lundi 29 Avril 1912

Tableaux. . . . . 1 à 190

Le Mardi 30 Avril 1912

Tableaux. . . . . 191 à 375

Le Mercredi 1er Mai 1912

Tableaux. . . . . 376 à 479

Aquarelles, Pastels, Gouaches, Dessins et
    Gravures . . . . 480 à 574

Le Jeudi 2 Mai 1912

Porcelaines. . . . . 575 à 703

Biscuits . . . . 771 à 792

Le Vendredi 3 Mai 1912

Faïences . . . . 704 à 770

Bonbonnières, Miniatures, Éventails,
    Émaux, Objets de vitrine et divers . 831 à 929

Le Samedi 4 Mai 1912

Bois, Terres cuites, Marbres, Ivoires. . . 793 à 830

Bronze, Cuivre, Argent, Métal, Pendules. 930 à 987

Meubles . . . . 988 à 1020

PRÉFACE

C'est une curieuse figure, digne de la plume d'un Balzac, que Robert Le Dart, magistrat normand et collectionneur.

D'ancienne famille bourgeoise, né à Caen en 1796, il alla, aux environs de 1816, faire son droit à Paris; puis, ses diplômes obtenus, revint dans sa ville natale et se décida à entrer dans la magistrature.

Il exerça d'abord les fonctions de Juge de paix du canton d'Évrecy (Calvados). Plus tard, il fut nommé Procureur du roi à Caen, et il y termina sa carrière de magistrat comme Procureur impérial.

Un goût inné du Beau le fit s'intéresser de bonne heure aux choses d'art. Pendant les quelques années qu'il passa à Paris à étudier le droit, il suivait déjà les ventes et visitait les marchands d'antiquités. C'est à cette époque, l'âge d'or des Collectionneurs, qu'il commença de rassembler les éléments d'une Collection à laquelle il devait consacrer tous les loisirs de

sa longue existence et une grande partie de sa
fortune, et qu'il ne cessa d'accroître qu'à sa
mort, survenue en 1890.

Sans quitter sa province, faisant seulement
deux ou trois fois l'an un voyage à Paris, il
parvint, grâce à sa curiosité toujours en éveil
et à son goût éclectique et très sûr, à entasser
dans sa maison une quantité considérable de
Tableaux, Bronzes, Terres cuites, Meubles,
Faïences, Porcelaines, Dessins et Gravures;
toutes pièces intéressantes dont la réunion a
formé les éléments du présent Catalogue.

Pendant plus de soixante ans, aucune vente
n'eut lieu dans un château quelconque de Basse-
Normandie sans qu'il y assistât; et il en reve-
nait rarement les mains vides. Il suivait égale-
ment les ventes importantes qui avaient lieu à
Paris. Rien qu'en peinture, il rassembla ainsi
plus de cinq cents tableaux de toutes les Écoles
et de toutes les Époques.

Eut-il le pressentiment de l'éclatante répara-
tion que le vingtième siècle devait accorder à
l'art du dix-huitième? On ne sait. Mais soit
que son goût personnel le portât de préférence
vers les créations de cet art léger et charmant,
soit que de son temps, où régnait tyrannique-
ment le goût davidien, le discrédit dans lequel
cet art était tombé lui en rendît facile l'acqui-
sition des meilleures productions, le fonds de

son importante Collection est surtout formé d'œuvres du dix-huitième siècle. On y trouve, signés ou anonymes, un grand nombre de Tableaux, d'Etudes, d'Esquisses et de Portraits des meilleurs artistes de ce temps.

S'il existe une Galerie à la formation de laquelle la vanité ni le snobisme n'eurent aucune part, c'est bien celle-là. Robert Le Dart aimait la peinture pour elle-même, et plus encore pour lui-même : en amant jaloux. C'était sa passion ; on pourrait presque dire son vice. Il s'enfermait des journées entières avec ses richesses, qu'il avait réunies pêle-mêle, sans souci de les faire valoir par une avantageuse présentation, — les trois quarts des tableaux pas même accrochés, mais simplement rangés à terre, au pied des murs et contre les meubles, — et là, il étudiait, comparait, admirait, et, afin d'arriver à identifier ses trouvailles, consultait tous les ouvrages traitant de la peinture et des peintres, en rédigeant force notes.

Très rares étaient les intimes admis dans le sanctuaire ; si rares, qu'aujourd'hui, bien que beaucoup de gens à Caen connaissent l'existence de la Collection Le Dart, il en est très peu qui l'ont vue.

Cette riche Collection, si amoureusement formée par Robert Le Dart, encore augmentée par son fils et par son petit-fils, va être dis-

persée aux enchères publiques. Il est certain
que les Amateurs qui l'auront pu voir pendant
les quelques jours d'exposition qui en précède-
ront la vente, sauront en apprécier la valeur
et se disputeront chaudement les belles pièces
qui la composent.

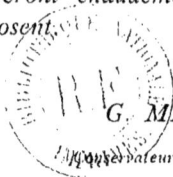

G. MENEGOZ,

Conservateur du Musée de Caen.

DÉSIGNATION

TABLEAUX

ARPINAS (Cesari-Jiuseppe)

1 — *Eliezer et Rebecca.*

Toile. Haut., 59 cent.; larg., 73 cent.

ARTOIS (Attribué à Jacques Van)

2 — *Paysage boisé avec figures et chien.*

Panneau. Haut., 22 cent.; larg., 68 1/2 cent.

ASSELYN (Jean)

3 — *Marine.*

Toile dans un cadre en bois sculpté.

Haut., 40 1/2 cent.; larg., 64 cent.

ASSELYN (Attribué à Jean)

4 — *Paysage accidenté avec cours d'eau, ruines et figures.*

Toile. Haut., 50 cent.; larg., 65 cent.

BALEN (Attribué à Jean Van)

5 — *Vénus et Adonis.*

Panneau. Haut., 49 cent.; larg., 68 cent.

BASSANO (École des)

6 — *Offrande à Esculape.*

Toile. Haut., 64 cent.; larg., 92 cent.

BAUDOIN

7 — *Bouquet de fleurs sur un banc de pierre.*

Toile signée à gauche en bas.

Haut., 55 cent.; larg., 39 cent.

BEAUBRUN (Manière de)

8 — *La Femme au petit chien.*

Toile ovale. Haut., 78 cent.; larg., 60 cent.

BERGHEM (École de)

9 — *L'Ane blanc.*

Panneau. Haut., 25 cent.; larg., 26 cent.

BESCHEY (Attribué à Jacob)

10 — *Saint Joseph, sainte Thérèse, sainte Catherine.*

Cuivre ovale. Haut., 18 cent.; larg., 14 cent.

BENARD (J.-B.)

11 à 13 — *Les Trois âges.*

Ils sont représentés par des groupes : le premier réunit des adolescents occupés à divers jeux ; le second présente un gracieux sujet musical au bord d'un cours d'eau avec personnages dansant à l'arrière-plan ; le troisième enfin comprend, dans un intérieur, des vieillards assis à une table et se préparant à déguster le chocolat que leur apporte une soubrette.

Trois toiles dans des cadres en bois sculpté.

Haut., 48 cent.; larg., 58 cent.

BLANCHARD

14 — *Vulcain et Vénus.*

Toile. Haut., 95 cent.; larg., 1 m. 13 cent.

BLANCHARD (Attribué à)

15 — *Sainte Geneviève.*

Toile. Haut., 43 cent.; larg., 49 cent.

BLOEMAERT

16 — *Tête d'Ermite ; effet de lumière.*

Panneau. Haut., 44 cent.; larg., 32 cent.

BLOEMEN (Pierre Van)

17 — *Bohémiens à l'entrée d'une caverne.*

Toile. Haut., 94 cent.; larg., 82 cent.

BLOEMEN (Pierre Van)

18 — *Troupeau en marche.*

> Toile. Haut., 33 cent.; larg., 40 cent.

BLOEMEN (Attribué à Pierre Van)

19 — *Ane, chevrette et mouton.*

> Toile. Haut., 30 cent. 1/2 ; larg., 24 cent.

BOECKHORST (Attribué à)

20 — *Portrait d'Homme en armure.*

> Toile. Haut., 61 cent.; larg., 50 cent.

BOILLY

21 — *Portrait de Femme.*

> Grisaille en médaillon dans un cadre doré à palmettes.
>
> Signé à gauche en bas, et daté à droite : *1810.*
>
> Haut., 16 cent.; larg., 12 cent. 1/2.

BONINGTON (Attribué à R.-P.)

22 — *Marine.*

> Esquisse sur panneau.
>
> Haut., 11 cent. 1/2; larg., 21 cent.

BOTH (Attribué à ANDRÉ)

23 — *Groupe de paysans aux pieds de rochers.*

Panneau. Haut., 37 cent.; larg., 32 cent.

BOTH (Manière d'ANDRÉ)

24 — *Cavaliers dans la campagne.*

Panneau. Haut., 35 cent.; larg., 47 cent.

BOUCHER (Attribué à)

25 — *Les Vendanges.*

L'allégorie est personnifiée par deux jeunes femmes drapées d'étoffes soyeuses, l'une assise, l'autre étendue tenant des grappes de raisin qu'un amour cueille tandis qu'un autre amour les apporte dans un panier; fond de paysage boisé et vallonné.

Toile. Haut., 78 cent.; larg., 1 m. 27 cent.

BOUCHER (Attribué à F.)

26 — *Jésus et la Samaritaine.*

Toile. Haut., 1 mètre; larg., 79 cent.

BOUCHER (Attribué à F.)

27 — *La Petite Fermière.*

Toile dans un cadre en bois sculpté.

Haut., 38 cent.; larg., 46 cent.

BOUCHER (Attribué à F.)

28 — *Léda et le Cygne.*

Toile. Haut., 64 cent.; larg., 79 cent.

BOUCHER (Attribué à F.)

29 — *Les Amours moissonneurs.*

Toile. Haut., 73 cent.; larg., 95 cent.

BOUCHER (École de F.)

30 — *Groupe d'amours figurant une allégorie aux Beaux Arts.*

Toile. Haut.; 32 cent., larg., 70 cent.

BOUCHER (École de F.)

31 — *Scène Galante.*

Toile. Haut., 37 cent.; larg., 46 cent.

BOUCHER (École de F.)

32 — *Bergère jouant de la flûte près d'un groupe d'amoureux.*

Toile. Haut., 71 cent.; larg. 1 m. 20 cent.

BOUCHER (École de F.)

33 — *Vénus et l'Amour.*

Toile ovale dans un cadre en bois sculpté.

Haut., 60 cent.; larg., 78 cent.

BOUCHER (École de F.)

34 — *Berger fleurissant une jeune bergère.*

Toile. Haut., 63 cent.; larg., 79 cent.

BOUCHER (Genre de F.)

35 — *Le Doux entretien.*

Toile. Haut., 34 cent.; larg., 32 cent.

BOUCHER (D'après F.)

36-37 — *Le Berger galant.*

— *Les Amants surpris.*

Deux toiles se faisant pendants.

Haut., 48 cent.; larg., 53 cent.

BOUCHER (D'après F.)

38 — *Femme étendue sur un lit de repos.*

Toile. Haut., 57 cent.; larg., 72 cent.

BOUCHER (D'après F.)

39 — *Groupe d'Amours vendangeurs.*

Toile. Haut. 63 cent.; larg., 80 cent.

BOUCHER (D'après F.)

40 — *Vénus et les Amours.*

Toile. Haut., 50 cent; larg., 63 cent.

BOUCHER (D'après F.)

41 — *Pastorale.*

Toile en camaïeu dans un cadre en bois sculpté.

Haut., 47 cent.; larg., 77 cent.

BOUCHER (D'après F.)

42-43 — *L'Oiseau en cage.*

— *Le Baiser forcé.*

Deux toiles-médaillon se faisant pendants dans des cadres en bois sculpté.

Haut., 74 cent.; larg. 59 cent.

BOUDEWYNS (Attribué à Nicolas)

44 — *La Place publique.*

Toile. Haut., 32 cent.; larg., 39 cent.

BOURDON (Attribué à Sébastien)

45 — *La Vierge, l'Enfant Jésus et un ange.*

Toile. Haut., 68 cent.; larg., 57 cent.

BREDA (Attribué à Van)

46-47 — *Chevaux et bestiaux en marche.*

— *L'Abreuvoir.*

Deux panneaux se faisant pendants dans des cadres dorés à palmettes.

Haut., 28 cent.; larg., 43 cent.

BREENBERG

48-49 — *Tobie et l'Ange.*

— *Sujet tiré de l'Histoire Sainte.*

Deux panneaux se faisant pendants.

Haut., 37 cent ; larg., 56 cent.

BREENBERG

50 — *Paysage vallonné avec ruines.*

Cuivre. Haut. 20, cent.; larg., 32 cent.

BREUGHEL DE VELOURS

51 — *Le Festin des Dieux.*

Panneau. Haut., 54 cent.; larg., 82 cent.

BRILL et CARRACHE

52-53 — *La Moisson.*

— *Le Four à pain.*

Deux toiles se faisant pendants.

Haut., 72 cent.; larg., 98 cent

BROUWER (Attribué à Adrian)

54 — *Intérieur rustique.*

Panneau. Haut., 26 cent ; larg., 21 cent.

BRUANDET (Attribué à Lazare)

55 — *Le Moulin à vent.*

Panneau. Haut., 16 cent. 1/2 ; larg., 24 cent.

2

CALS (A. F.)

56 — *Intérieur de cuisine.*

Panneau. Haut., 37 cent. 1/2 ; larg., 49 cent.

CANALETTO (Attribué à)

57 — *Le Grand Canal à Venise.*

Toile. Haut., 40 cent.; larg., 55 cent.

CANTARINI (Attribué à)

58 — *Sainte Famille.*

Toile dans un cadre en bois sculpté.

Haut., 37 cent.; larg., 31 cent.

CARAVAGE (École de)

59 — *Tête d'Apôtre.*

Toile dans un cadre en bois sculpté.

Haut., 60 cent.; larg., 46 cent.

CARESME (Attribué à J.-Ph.)

60 — *Offrande au Dieu Pan.*

Toile. Haut., 32 cent.; larg., 29 cent.

CARRACHE (Attribué à)

61 — *Sainte Famille.*

Toile dans un cadre en bois sculpté.

Haut., 36 cent.; larg., 28 cent.

CARRACHE (École des)

62 — *La Vierge, l'Enfant Jésus et les anges.*

Toile. Haut., 86 cent.; larg., 86 cent.

CARRACHE (École des)

63 — *L'Enfance entre le bien et le mal.*

Cuivre dans un cadre à palmettes.

Haut., 22 cent.; larg., 16 cent. 1/2.

CARRACHE (École des)

64 — *Vénus au bain.*

Panneau dans un cadre en bois sculpté.

Haut., 17 cent.; larg., 13 cent.

CARRACHE (D'après)

65 — *Adonis et Vénus endormie.*

Toile. Haut., 2 mètres; larg., 99 cent.

CARRÉ (Attribué à MICHEL)

66 — *Berger et son troupeau.*

Toile dans un cadre à palmettes.

Haut., 24 cent.; larg., 32 cent.

CASTIGLIONE (GIOVANNI BENEDETTO)

67 — *Animaux et ustensiles de ferme.*

Toile. Haut., 31 cent.; larg., 63 cent.

CASANOVA

68 — *Le Chariot du contrebandier.*

Deux hommes sont occupés à charger des baga-
ges sur un chariot; pendant ce temps, les chevaux, sur la gauche, se reposent. Le groupe se
trouve sur un petit tertre qui domine la plaine,
et est éclairé par un rayon de soleil perçant des
nuages épais chargés d'orage.

Toile. Haut., 48 cent.; larg., 59 cent.

CERQUOZZI

69 — *Champignons.*

Toile. Haut., 30 cent. larg., 50 cent.

CERQUOZZI

70-71 — *Natures mortes.*

Deux toiles se faisant pendants.

Haut., 1 m. 4 cent.; larg., 82 cent.

CHALLES (M.-A.)

72 — *Vénus à la pomme.*

Toile. Haut., 34 cent.; larg. 1 m. 15 cent.

CHAPRON (Attribué à NICOLAS)

73 — *Enfants bacchants.*

Panneau. Haut., 24 cent.; larg., 32 cent.

CHARDIN (École de)

74 — *Le Singe peintre.*

Toile. Haut., 26 cent. 1/2; larg., 22 cent.

CHARLET (Manière de)

75 — *La Prière.*

Toile. Haut., 64 cent.; larg., 53 cent.

CLOUET (Attribué à)

76 — *Portrait de Louise de Montmorency.*

Panneau dans un cadre en bois sculpté.

Haut., 21 cent.; larg., 15 cent.

CLOUET (École des)

77 — *Portrait d'Homme en costume Henri II.*

Panneau. Haut., 25 cent.; larg., 20 cent.

COIGNET (J.)

78 — *Le Torrent.*

Toile. Haut., 28 cent.; larg., 22 cent.

CORNEILLE (Michel)

79 — *Sujet tiré de l'Histoire sainte.*

Toile. Haut., 1 m. 25 cent.; larg., 1 m. 50 cent.

CORRÈGE (École du)

80 — *L'Amour forgeron.*

Toile. Haut., 1 mètre ; larg., 1 mètre.

COYPEL (École de)

81 — *Nymphe endormie, surprise par un satyre.*

Toile. Haut., 32 cent.; larg., 43 cent. 1/2.

COYPEL (École de)

82 — *Vénus et Adonis.*

Toile. Haut., 59 cent.; larg., 68 cent.

COYPEL (D'après)

83 — *Flore et Zéphir.*

Toile-médaillon. Haut., 62 cent.; larg., 55 cent

DECAMPS (Manière de)

84 — *La Chasse au marais.*

Toile. Haut., 31 cent.; larg., 39 cent

DELACROIX (Eugène)

85 — *Lion aux prises avec un serpent.*

Toile signée à droite en haut.

Haut., 24 cent.; larg., 32 cent. 1/2

DE MARNE

86 — *Les Pêcheurs de crevettes.*

Panneau. Haut., 23 cent.; larg., 31 cent. 1/2.

DESPORTES (Attribué à)

87 — *Portrait de Femme en Diane.*

Une jeune femme, drapée dans une peau de bête et retenant de la main une étoffe qui flotte au vent, s'élance vers la droite, armée de l'arc et précédée d'un chien.

Toile. Haut., 1 m. 36 cent.; larg., 1 m. 3 cent.

DESPORTES (Atelier de)

88 — *Chien, gibiers et fruits.*

Toile. Haut., 1 m. 45 cent.; larg., 99 cent.

DESPORTES (Genre de)

89 — *Fruits, fleurs, gibier sur une table.*

Toile. Haut., 1 m. 13 cent; larg., 89 cent.

DIÉTRICH (Genre de)

90-91 — *Scènes militaires.*

Deux cartons se faisant pendants.

Haut., 22 cent.; larg., 20 cent.

DOLCI (Attribué à CARLO)

92 — *Madeleine aux Anges.*

Panneau dans un cadre en bois sculpté.

Haut., 42 cent. ; larg. 30 cent.

DOLCI (Manière de Agnès)

93 — *La Madeleine.*

Cuivre. Haut., 15 cent. 1/2 ; larg., 11 cent.

DOW (D'après Gérard)

94 — *La Cuisinière hollandaise.*

Toile dans un cadre en bois sculpté.

Haut., 20 cent.; larg., 15 cent.

DOYEN (Attribué à Gabriel-François)

95 — *Le Christ déposé de la Croix.*

Toile. Haut., 35 cent.; larg., 51 cent.

DROUAIS (Attribué à)

96 — *La Jeune Fille à la Rose.*

Elle est vêtue d'une robe de soie, garnie de tulle et de guipure, un ruban autour du cou, une rose dans la main droite.

Toile-médaillon. Haut., 30 cent. 1/2 ; larg., 25 cent.

DUBBELS (Jean)

97 — *Marine.*

Panneau. Haut., 27 cent.; larg. 35 cent.

DUMESNIL (Pierre-Louis)

98 — *La Vieille Coquette.*

Toile dans un cadre doré à palmettes.

Haut., 31 cent; larg., 39 cent.

DUPLESSI-BERTAUX (Manière de)

99 — *Cavalier arrêté.*

Petit panneau octogonal. Haut., 7 cent.; larg., 9 cent 1/2.

DYCK (Attribué à Van)

100 — *Portrait d'Homme en buste.*

Toile. Haut., 48 cent.; larg., 39 cent.

EISEN (Attribué à)

101 — *Amours tenant des fleurs et des fruits.*

Cuivre. Haut., 27 cent.; larg. 21 cent. 1/2.

EISEN (D'après)

102 — *Les Petits espiègles.*

Toile. Haut., 39 cent.; larg., 32 cent.

ELZHEIMER (Attribué à)

103 — *Paysage avec baigneuses.*

Panneau. Haut., 14 cent.; larg., 17 cent.

ESCHER (M.-F.)

104 — *Paysans au pied d'un tertre sablonneux.*

Cuivre. Haut., 23 cent.; larg., 18 cent.

EVERDINGEN (Attribué à)

105 — *Cavaliers s'apprêtant à passer un gué.*

Toile. Haut., 31 cent.; larg., 39 cent.

EVERDINGEN (Attribué à)

106 — *Cascade dans un paysage montagneux.*

Toile. Haut., 46 cent., larg., 54 cent.

FLINCK (Attribué à GAVAERT)

107 — *Portrait en buste d'une Dame flamande.*

Panneau dans un cadre en bois sculpté.

Toile. Haut., 45 cent.; larg., 35 cent. 1/2

FRAGONARD (HONORÉ)

108 — *L'Aurore.*

Une femme vêtue de gaze et drapée dans les plis d'une étoffe figurant l'azur du ciel, déchire le voile de la nuit qui fuit vers la droite, emportée par des groupes d'amours, tandis que victorieux le char du jour apparaît vers la gauche.

Toile. Haut., 52 cent.; larg., 61 cent.

FRAGONARD (HONORÉ)

109 — *La Nourrice.*

Esquisse sur toile.

Haut. 37 cent.; larg., 29 cent

FRAGONARD (HONORÉ)

110 — *Vestale.*

Esquisse sur toile.

Haut., 48 cent.; larg., 31 cent

FRAGONARD (Honoré)

111 — *Femme lisant près du berceau de son enfant.*

Esquisse sur toile. Haut., 57 cent. 1/2 ; larg., 48 cent.

FRAGONARD (Honoré)

112 — *Jupiter et Mercure chez Philémon et Baucis.*

Esquisse sur toile. Haut., 60 cent.; larg., 50 cent.

FRAGONARD (Honoré)

113 — *Henri IV et Gabrielle d'Estrées.*

Panneau. Haut., 37 cent.; larg., 55 cent.

FRAGONARD (Attribué à Honoré)

114 — *Baigneuses au pied d'une tour en ruines.*

Panneau. Haut., 28 cent.; larg, 38 cent. 1/2.

FRAGONARD (Attribué à Honoré)

115 — *Marie-Antoinette à la Conciergerie.*

Toile. Haut., 56 cent.; larg., 48 cent.

FRAGONARD (Attribué à Honoré)

116 — *Les Plaisirs du bain.*

Toile. Haut., 45 cent.; larg., 56 cent.

FRAGONARD (D'après HONORÉ)

117 — *L'Escarpolette.*

> Panneau ovale. Haut., 23 cent.; larg., 19 cent.

FRAGONARD (D'après HONORÉ)

118 — *La Chemise enlevée.*

> Toile. Haut., 21 cent.; larg., 26 cent.

FRAGONARD (ÉVARISTE)

119 — *Le Mariage de François Ier.*

> Esquisse sur toile. Haut., 47 cent.; larg., 47 cent.

FRAGONARD (ÉVARISTE)

120 — *Bacchus et Ariane.*

> Panneau. Haut., 23 cent.1/2 ; larg., 20 cent.

FRANCK

121 — *Les Noces de Cana.*

> Panneau. Haut., 49 cent.; larg., 73 cent.

GOLTZIUS (École des)

122 — *Angélique et Médor.*

> Panneau. Haut., 52 cent.; larg., 65 cent.

GARNERAY (Attribué à)

123 — *La Jarretière.*

Toile dans un cadre en bois sculpté.

Haut., 40 cent.; larg., 30 cent.

GARNIER

124 — *La Musicienne endormie.*

Une jeune fille repose sur un canapé, un livre ouvert posé près d'elle sur un tabouret bas ; sur la droite, une fenêtre dont les rideaux viennent s'appuyer à la harpe qu'a abandonnée, un instant, la musicienne pour se livrer à sa rêverie.

Toile. Haut., 45 cent.; larg., 38 cent.

GELÉE (Attribué à CLAUDE), dit le LORRAIN

125 — *Réunion de personnages dans la campagne près des colonnades d'un palais.*

Toile. Haut., 82 cent.; larg., 1 m. 28 cent.

GÉRARD (Attribué à Mlle)

126 à 130 — *Les Amours.*

Suite de cinq toiles dans des cadres dorés à palmettes.

Haut., 21 cent.; larg., 18 cent. 1/2.

GÉRICAULT (Attribué à)

131 — *Prométhée.*

Toile. Haut., 41 cent.; larg., 31 cent.

GIORDANO (Lucas)

132 — *Allégorie.*

Toile. Haut., 1 m. 24 cent.; larg., 61 cent.

GIORDANO (Attribué à Lucas)

133 — *Amphitrite.*

Toile. Haut., 57 cent. ; larg., 72 cent.

GIRODET-TRIOSON
(Attribué à A.-L. de ROUCY)

134 — *Tête de Femme personnifiant la Victoire.*

Toile. Haut., 45 cent.; larg., 37 cent.

GIROUX (Attribué à André)

135 — *Paysage avec ruisseau et bestiaux.*

Toile. Haut., 26 cent.; larg., 35 cent.

GLAUBER (Attribué à Jean)

136 — *Paysage avec ruines.*

Panneau circulaire. Diam., 17 cent.

GORP (Van)

136 bis — *La Toilette de Bébé.*

Toile. Haut., 22 cent. 1/2 ; larg., 32 cent.

GREUZE

137 — *La Reine Thalestris aux pieds d'A-lexandre.*

La Reine éplorée s'affaisse, suppliante, aux genoux du vainqueur ; elle est soutenue par une suivante et derrière elle ses serviteurs et son peuple marquent l'entière soumission qu'elle exprime en leur nom. Alexandre, debout, appuyé sur un javelot, accueille avec dignité ces hommages.

Esquisse sur toile.

Haut., 41 cent.; larg., 55 cent.

Ce tableau est un essai dans le genre historique que le maître songeait à produire, pour répondre aux objections par lesquelles on repoussait sa demande d'admission à l'Académie, en disant qu'il ne traitait que des sujets familiers ou des portraits.

GREUZE (Attribué à)

138 — *Portrait d'Homme.*

Panneau. Haut., 18 cent.; larg., 13 cent.

GREUZE (École de)

139 — *Portrait de Femme.*

Drapée dans une robe bleue qui découvre le sein gauche, elle se tient appuyée sur une rampe, les bras croisés, les yeux levés vers le ciel.

Toile. Haut., 71 cent.; larg., 55 cent.

GREUZE (École de)

140 — *Portrait de Fillette.*

Toile. Haut., 30 cent.; larg., 23 cent

GREUZE (École de)

141 — *La Fillette au panier.*

Panneau. Haut., 20 cent. 1/2; larg., 16 cent. 1/2.

GREUZE (D'après)

142 — *Fillette coiffée d'un bonnet blanc.*

Toile. Haut.; 31 cent.; larg., 23 cent.

GRIFF (Adrien)

143 — *Chien, gibier et fruits ; fond de paysage.*

Panneau. Haut., 37 cent.; larg., 48 cent 1/2.

GROS (École de)

144 — *Jeune Fille portant des fleurs.*

Toile dans un cadre à palmettes.

Haut., 27 cent.; larg. 18 cent.

GUDIN (A.)

145 — *La Plage.*

Toile. Haut., 33 cent.; larg., 44 cent.

GUEVARA (Attribué à)

146 — *La Vierge et l'Enfant Jésus couronnés par les anges.*

Toile. Haut., 73 cent., larg., 42 cent.

GUIDO RENI (Genre de)

147 — *Une Sainte assise sur un dragon.*

Panneau. Haut.. 42 cent., larg., 33 cent.

GUIDO RENI (D'après)

148 — *Le Sommeil de l'Enfant Jésus.*

Toile. Haut., 31 cent.; larg., 40 cent.

GUIDO RENI (D'après)

149 — *Jeune Femme examinant des raisins.*

Toile. Haut., 78 cent; larg., 93 cent.

GUIDO RENI (D après)

150 — *La Madeleine.*

Toile. Haut., 45 cent.; larg., 36 cent. 1/2.

HEEM (DAVID de)

151 — *Guirlande de fleurs et de fruits.*

Elle décore un motif architectural et forme l'encadrement d'un médaillon représentant la Nativité.

Toile. Haut., 1 m. 20 cent., larg., 85 cent.

HEYDEN (Jean Van der)

152 — *Ville de Hollande.*

Toile. Haut., 36 cent.; larg., 45 cent.

HOREMANS

153 — *La Partie de cartes.*

Toile. Haut., 32 cent.; larg., 40 cent.

HUET (Attribué à J.-B.)

154 — *Pêcheurs près d'un barrage.*

Toile. Haut., 41 cent.; larg., 56 cent.

HUET (Attribué à J.-B.)

155 — *Le Torrent.*

Dans un paysage verdoyant, vers la droite, un pont sous lequel passe un torrent est dominé de constructions ; au pied d'une colline, à gauche, un homme monte les marches d'un escalier conduisant à un moulin ; au premier plan un pêcheur lance son épervier non loin d'un groupe idyllique.

Toile. Haut., 1 m. 21 cent.; larg., 99 cent.

HUET (Attribué à J.-B.)

156 — *La Canardière.*

Toile dans un cadre doré à palmettes.

Haut., 45 cent.; larg., 59 cent.

HUET (Genre J.-B.)

157 — *Bergère jouant de la flûte.*

Toile. Haut., 42 cent.; larg., 55 cent.

KABEL (Van der)

158 — *Marine.*

Toile. Haut., 28 cent.; larg., 49 cent.

KESSEL (J. Van)

159 — *Poissons sur la plage.*

Cuivre. Haut., 16 cent. 1/2 ; larg., 22 cent.

KOBELL

160 — *Vaches au pâturage.*

Toile signée à droite en bas et datée : *1809.*

Haut., 62 cent., larg., 84 cent.

LAFOSSE (Attribué à Ch. de)

161 — *Le Crucifiement.*

Esquisse sur toile. Haut., 30 cent. 1/2 ; larg., 49 cent.

LAJOUE (Genre de)

162 — *Bouteille et fruits près d'une fontaine couronnée de fleurs.*

Toile décorative. Haut., 1 m. 47 cent.; larg., 78 cent.

LALLEMANT

163-164 — *Le Montreur de marionnettes.*
— *La Fileuse.*

Deux panneaux ovales se faisant pendants.

Haut., 17 cent.; larg., 13 cent.

LANCRET (D'après)

165 — *Sujet tiré des contes de La Fontaine.*

Toile. Haut., 75 cent.; larg., 94 cent.

LANCRET (D'après)

166 — *Réunion galante dans un parc.*

Toile. Haut., 5o cent.; larg. 8o cent.

LANFRANC (Attribué à)

167 — *La Nativité.*

Toile. Haut., 58 cent.; larg., 32 cent.

LAPITO

168 — *Route en forêt.*

Toile. Haut., 65 cent.; larg., 92 cent.

LARGILLIÈRE (D'après N.)

169 — *Portrait présumé de l'artiste Forest.*

Toile. Haut., 35 cent.; larg., 44 cent.

LAURÉ (Attribué à)

170 — *Moine endormi visité par des anges.*

Toile. Haut., 42 cent.; larg., 35 cent.

LANTARA

171 — *Paysage au soleil couchant.*

Toile. Haut., 31 cent.; larg., 39 cent.

LANTARA

172 — *Paysage; effet de lune sur des ruines au pied des montagnes.*

Toile. Haut., 34 cent.; larg., 49 cent.

LANTARA (Genre de)

173 — *Paysage animé de bateaux.*

Panneau. Haut., 19 cent.; larg., 25 cent.

LANTARA (Genre de)

174 — *La Cascade.*

Toile. Haut., 41 cent.; larg., 34 cent.

LANTARA (Genre de)

175 — *Paysage avec chasseurs au premier plan.*

Panneau. Haut., 10 cent. 1/2; larg., 14 cent. 1/2.

LANTARA (Manière de)

176 — *Vue d'un lac au clair de lune.*

Panneau dans un cadre en bois sculpté.

Haut., 24 cent.; larg., 34 cent.

LE BOURGUIGNON

177 — *Prise d'une ville.*

Toile. Haut., 56 cent.; larg., 71 cent.

LE BOURGUIGNON (Attribué à)

178 — *Campement de cavalerie.*

Panneau. Haut., 23 cent.; larg., 32 cent.

LE BRUN (École de)

179 — *Le Mariage mystique de sainte Catherine.*

Toile., Haut., 72 cent.; larg., 57 cent.

LE BRUN (École de)

180 — *Portrait d'Homme en armure, le col orné d'un jabot de dentelle et d'un nœud de ruban rouge.*

Toile ovale dans un cadre en bois sculpté.

Haut., 66 cent.; larg. 53 cent.

LE BRUN (D'après)

181 — *Sainte Geneviève.*

Toile. Haut., 39 cent.; larg., 31 cent.

LE BRUN (D'après)

182 — *La Madeleine.*

Toile dans un cadre en bois sculpté.

Haut., 81 cent.; larg., 62 cent.

LEDOUX (Mlle)

183 — *Tête de Jeune Paysanne.*

Elle est vêtue d'une robe à fichu jaune, sa tête malicieuse et fine, éclairée de deux grands yeux bleus, est légèrement penchée vers l'épaule droite. Ses cheveux souples et ondulés sont retenus par un ruban bleu.

Toile. Haut., 44 cent.; larg., 35 cent.

LE MAY (Olivier)

184 — *Danse champêtre.*

Toile. Haut., 42 cent.; larg., 54 cent.

LE POITEVIN (Eugène)

185 — *Enfants sur la grève.*

Toile. Haut., 29 cent.; larg., 45 cent.

LESUEUR

186 — *Saint François.*

Toile. Haut., 51 cent.; larg., 38 cent.

LETHIÈRE

187 — *Sujet tiré de l'Histoire romaine.*

Toile marouflée sur carton.

Haut., 33 cent.; larg., 55 cent.

LINGELBACH (Attribué à)

188 — *Chasseurs dans un parc.*

Toile. Haut., 75 cent.; larg., 95 cent.

LINGELBACH (D'après)

189 — *Chasse à courre.*

Panneau. Haut., 13 cent.; larg., 18 cent.

LOIR (Attribué à NICOLAS-PIERRE)

190 — *La Vierge et l'Enfant Jésus.*

Toile. Haut., 67 cent.; larg., 55 cent.

MAGIOTTO (D'après)

191 — *Le Théâtre ambulant.*

Toile. Haut., 56 cent.; larg., 40 cent.

MALLEBRANCHE (LOUIS-CLAUDE)

192 — *Les Patineurs.*

Toile. Signée à droite en bas.

Haut., 32 cent.; larg., 45 cent. 1/2.

MARATTI (Attribué à)

193 — *La Visitation.*

Toile. Haut., 29 cent.; larg., 23 cent.

METTAIS (Ch.)

194 — *Nymphes endormies, surprises par des satyres.*

Toile. Haut., 25 cent.; larg., 33 cent. 1/2.

MICHAU (Th.)

195 — *Paysage montagneux avec constructions et figures.*

Toile. Haut., 16 cent.; larg., 21 cent.

MIEREVELT (Attribué à)

196 — *Portrait d'Homme.*

Panneau. Haut., 63 cent.; larg., 53 cent.

MIGNARD (Atelier de)

197 — *Portrait de Femme vue à mi-corps.*

Elle est coiffée d'un voile qui recouvre égale-
ment les épaules, vêtue d'une robe rose à draperie bleue; son visage vu de trois quarts est encadré de cheveux blonds bouclés.

Toile. Haut., 88 cent.; larg., 57 cent.

MIGNARD (École de)

198 — *Portrait d'Homme, le col et les poignets ornés de dentelles.*

Toile. Haut., 70 cent.; larg., 57 cent.

MIGNARD (École de)

199 — *Portrait de Femme accoudée.*

Toile ovale dans un cadre en bois sculpté.

Haut., 73 cent.; larg., 58 cent.

MILÉ (FRANCISQUE)

200 — *Paysage accidenté, avec rivière, constructions et figures.*

Toile. Haut., 95 cent.; larg., 1 m. 27 cent.

MOLENAER

201 — *Scène de patinage.*

Panneau. Haut., 24 cent.; larg., 31 cent.

MOLENAER (Attribué à)

202 — *Moines buvant.*

Panneau. Haut., 23 cent.; larg., 20 cent. 1/2.

MOLYN (PIERRE)

203 — *Cavaliers sur le bord d'un fleuve.*

Panneau. Haut., 35 cent ; larg., 51 cent.

MOMMERS (Henri)

204 — *Paysage, berger et animaux.*

Panneau. Haut., 46 cent.; larg., 63 cent.

MONNET (Ch.)

205 — *Renaud et Armide.*

Panneau dans un cadre doré à palmettes.

Haut., 20 cent.; larg., 15 cent. 1]2.

MONNOYER (Attribué à Jean-Baptiste)

206 — *Bouquet de fleurs.*

Deux toiles se faisant pendants.

Haut., 35 cent.; larg., 59 cent.

MONNOYER (École de Jean-Baptiste)

207 — *Bouquet de fleurs dans un vase.*

Toile. Haut., 76 cent.; larg., 50 cent.

MONTVIGNIER

208 — *Auberge normande.*

Toile. Signée à droite en bas.

Haut., 23 cent.; larg., 31 cent.

MOOR (Attribué à A. de)

209 — *Cinq Têtes de Femmes à collerettes.*

Panneau. Haut., 27 cent.; larg., 16 cent.

MOUCHERON

210 — *Paysage montagneux traversé par un fleuve, avec figures au premier plan.*

Toile. Haut., 71 cent.; larg., 87 cent.

MOZIN (C.)

211 — *Marine.*

Toile signée à droite en bas.

Haut., 33 cent. 1/2; larg., 53 cent. 1/2.

MULLER (Joannès)

212 — *Le Festin de Balthazar.*

Toile. Haut., 1 m. 25 cent.; larg., 1 m. 75 cent.

MURILLO (École de)

213 — *Saint François et l'Enfant Jésus.*

Toile. Haut., 97 cent.; larg., 78 cent.

NATOIRE (Attribué à)

214 — *Un Roi mage.*

Toile. Haut., 53 cent.; larg., 29 cent.

NATOIRE (Attribué à)

215 — *Allégorie aux Beaux-Arts.*

Projet de plafond.

Toile. Haut., 89 cent.; larg., 72 cent.

NATTIER (Attribué à)

216 — *Portrait de Françoise-Henriette Constance de Subert.*

>Elle est vêtue d'une robe rose décolletée, à broderies d'argent, et entourée d'une soierie bleue drapée. Un perroquet est perché sur une table près d'elle, une fleurette est piquée dans ses cheveux poudrés.
>
>Toile dans un cadre en bois sculpté.

Haut., 80 cent.; larg., 62 cent.

NATTIER (École de)

217 — *Buste de Femme décolletée.*

Toile. Haut., 44 cent.; larg., 35 cent.

NEER (École de Van Der)

218 — *Paysage de Hollande.*

Panneau. Haut., 31 cent.; larg., 40 cent.

OSTADE (Manière de Adrien Van)

219 — *Atelier d'un artiste hollandais.*

Panneau. Haut., 45 cent.; larg., 56 cent.

OUDRY (Attribué à)

220 — *Chien couché.*

Esquisse sur panneau. Haut., 21 cent.; larg., 29 cent.

OUDRY (Attribué à)

221 — *Vase de fleurs, attributs de musique et chien, à l'entrée d'un palais, orné de motifs d'architecture, sur fond d'arbres et de ciel nuageux.*

Panneau. Haut., 45 cent.; larg., 39 cent.

OUDRY (École de)

222 — *Épagneul couché.*

Panneau. Haut., 21 cent.; larg., 26 cent. 1/2.

PALAMEDESZ (Attribué à)

223 — *Dame et Seigneur à la promenade.*

Panneau. Haut., 29 cent. 1/2 ; larg., 37 cent.

PANINI (Genre de)

224 — *Ruines à Venise.*

Toile. Haut., 53 cent.; larg., 72 cent.

PARROCEL

225 — *Choc de cavalerie.*

Toile. Haut., 28 cent.; larg., 46 cent.

PETIT (Jean-Louis)

226-227 — *Paysages accidentés, avec constructions, chariot et personnages.*

Deux panneaux se faisant pendants.

Haut., 24 cent.; larg., 31 cent.

PIERRE

228-229 — *La Lavandière.*

— *Le Berger.*

Deux toiles se faisant pendants.

Haut., 27 cent.; larg., 41 cent.

PILLEMENT (École de)

230-231 — *Paysages.*

Deux cartons. Haut., 10 cent.; larg., 14 cent.

PIOMBO (Attribué à Sébastiano del)

232 — *Léda.*

Panneau. Haut., 41 cent. 1/2; larg., 27 cent.

POELENBOURG (Corneille Van)

233 — *Paysage avec ruines et groupe de bai-
gneurs.*

Panneau. Haut., 26 cent.; larg., 33 cent. 1/2.

POELENBOURG (Corneille Van)

234 — *Nymphe endormie surprise par un chasseur.*

Panneau. Haut., 23 cent. 1/2 ; larg., 31 cent.

POTTER (École de Paul)

235 — *Vaches à l'étable.*

Panneau. Haut., 21 cent.; larg., 29 cent.

POUSSIN (École de N.)

236 — *Les Vendanges.*

Toile. Haut., 65 cent.; larg., 1 m. 04 cent.

POUSSIN (École de N.)

237 — *La Sainte Famille.*

Toile dans un cadre en bois sculpté.

Haut., 44 cent.; larg., 36 cent

POUSSIN (École de N.)

238 — *Paysage animé de figures.*

Toile. Haut., 31 cent.; larg., 39 cent.

POUSSIN (D'après N.)

239 — *Nymphe endormie et satyres.*

Toile. Haut., 72 cent.; larg., 97 cent.

PRIMATICE (Attribué au)

240 — *Groupe d'Amours forgeant des chaînes.*

Toile. Haut., 39 cent.; larg., 30 cent.

PRUDHON (Attribué à)

241 — *Figures et motifs ornementaux.*

Toile en forme de frise.

Haut , 33 cent.; larg., 1 m. 35 cent.

PRUDHON (Attribué à)

242 — *Tête de Bacchante.*

Panneau. Haut., 15 cent.; larg., 13 cent.

RAOUX (D'après)

243 — *La Bonne Aventure.*

Toile. Haut., 27 cent.; larg., 36 cent.

RAPHAEL (École de)

244 — *La Vierge aux fleurs.*

Panneau. Haut., 35 cent.; larg., 26 cent. 1/2.

RAPHAEL (D'après)

245 — *Figures allégoriques.*

Toile. Haut., 1 m. 20 cent.; larg., 1 m. 50 cent.

RAPHAEL (D'après)

246 — *Saint Michel.*

Toile. Haut., 41 cent.; larg., 32 cent.

RAPHAEL (D'après)

247 — *Saint Michel.*

Toile. Haut., 65 cent.; larg., 48 cent.

REMBRANDT (École de)

248 — *Jésus et les pèlerins d'Emmaüs.*

Panneau. Haut., 24 cent.; larg., 33 cent. 1/2.

REMBRANDT (Manière de)

249 — *Tête de Vieillard.*

Panneau. Haut., 46 cent.; larg., 37 cent.

RIGAUD

250 — *Portrait d'Homme.*

Vu de face, le visage souriant, parmi les bou-
cles d'une perruque brune, il est vêtu d'un manteau rouge drapé, d'où sort un col de soie bleue
et de dentelle.

Toile. Haut., 80 cent.; larg., 65 cent.

RIGAUD (École de)

251 — *Portrait d'Homme en tunique jaune
portant la perruque.*

Toile-médaillon. Haut., 83 cent.; larg., 65 cent.

ROBERT (Hubert)

252 — *Intérieur de grange.*

En bas, au premier plan, des paysannes s'oc-
cupent autour d'une marmite et de grandes
cuves ; à gauche, une femme allaite son enfant,
tandis qu'à droite, dans l'embrasure d'une porte,
apparaît une porteuse de lait ; au sommet de la
grange, au-dessus des charpentes et des ton-
neaux, des personnages sont occupés à étendre
du fourrage et à battre du grain.

Toile. Haut., 68 cent.; larg., 58 cent.

ROBERT (Attribué à Hubert)

253 — *Obélisque et feu de joie.*

Toile. Haut., 48 cent.; larg., 32 cent.

ROBERT (Atelier de Hubert)

254 — *Vue de ville.*

Toile dans un cadre en bois sculpté.

Haut., 39 cent.; larg., 30 cent.

ROBERT (École de Hubert)

255 — *Galerie souterraine.*

Toile. Haut., 54 cent.; larg., 66 cent.

ROOS (Jean-Henri)

256 — *Bergère et son troupeau parmi des
ruines.*

Toile. Haut., 40 cent.; larg., 56 cent.

ROOS (Attribué à PHILIPPE), dit ROSA DE TIVOLI

257 — *Halte de paysans.*

Toile dans un cadre en bois sculpté.

Haut., 53 cent.; larg., 69 cent.

ROOS (Genre de PHILIPPE), dit ROSA DE TIVOLI

258 — *Pâtres et animaux.*

Toile. Haut., 28 cent.; larg., 37 cent.

ROSA (Genre de SALVATOR)

259 — *Scène de brigands.*

Panneau. Haut., 34 cent. 1/2 ; larg., 24 cent. 1/2.

ROSA (Genre de SALVATOR)

260 — *Ermite en prière.*

Panneau. Haut., 33 cent.; larg., 22 cent.

ROTTENHAMER (Attribué à JOHAN)

261 — *Le Jugement de Pâris.*

Panneau. Haut., 51 cent.; larg., 66 cent.

ROTTENHAMER (Attribué à JOHAN)

262 — *Le Baptême du Christ.*

Toile. Haut., 78 cent.; larg., 63 cent.

RUBENS (École de)

263 — *La Visitation.*

Toile. Haut., 1 m. 17 cent.; larg., 1 m. 82 cent.

RUBENS (École de)

264 — *Groupe d'apôtres.*

Toile. Haut., 38 cent.; larg., 52 cent.

RUBENS (École de)

265 — *L'Enfant Jésus assis sur un coussin rouge.*

Panneau. Haut., 60 cent.; larg., 49 cent.

RUBENS (École de)

266 — *Figures allégoriques.*

Panneau. Haut. 27 cent.; larg., 34 cent.

RUBENS (D'après)

267 — *L'Adoration des Mages.*

Panneau. Haut., 39 cent.; larg., 31 cent.

RUBENS (D'après)

268 — *Vénus et Adonis.*

Panneau. Haut., 61 cent.; larg., 77 cent.

SASSO FERRATO (D'après)

269 — *La Vierge en buste, les mains jointes.*

Toile dans un cadre en bois sculpté.

Haut., 42 cent.; larg., 31 cent. 1/2.

SANTERRE (Attribué à)

270 — *La Femme au masque.*

Toile dans un cadre en bois sculpté.

Haut., 75 cent.; larg., 57 cent 1/2.

SAUVAGE (Attribué à)

271 — *Bacchanale.*

Projet de décoration pour une frise. Grisaille sur toile.

Haut., 23 cent.; larg., 32 cent.

SCHALL (Attribué à)

272-273 — *Les Baisers.*

Deux petits panneaux, présentant des peintures ovales. Cadres en bois sculpté.

Haut., 15 cent.; larg., 12 cent. 1/2.

SCHALL (Attribué à)

274 — *Militaire en goguette.*

Toile. Haut., 30 cent.; larg., 23 cent.

STEENWYCK (Attribué à Henri Van)

275 — *Intérieur d'un palais.*

Toile. Haut., 95 cent.; larg., 1 m. 35 cent.

STEEN (Attribué à Jean)

276 — *Intérieur de villageois.*

Panneau. Haut., 36 cent.; larg. 47 cent.

STEEN (École de Jean)

277 — *La Lecture.*

Panneau. Haut. 18 cent.; larg., 14 cent.

SUBLEYRAS (École de)

278 — *Allégorie.*

Panneau. Haut., 54 cent.; larg., 97 cent.

SWAGERS

279 — *Femme turque.*

Toile. Haut., 68 cent.; larg., 56 cent.

TAISSIER DES GOBELINS

280 — *Cache-pot, cartons, mappemonde et objets divers.*

Toile. Haut., 80 cent ; larg. 1 mètre.

TAUNAY (Attribué à)

281 — *La Balançoire.*

Un groupe de personnages devise amoureusement dans une clairière, tandis qu'un homme pousse une jeune fille sur une balançoire improvisée.

Toile. Haut., 31 cent.; larg., 39 cent.

TENIERS (École de D.)

282 — *Le Singe perruquier.*

Cuivre. Haut., 23 cent.; larg., 28 cent.

TENIERS (École de D.)

283 — *Le Mendiant.*

Panneau dans un cadre en bois sculpté.

Haut., 14 cent.; larg., 11 cent.

TENIERS (Manière de D.)

284 — *Troupeau de moutons près d'un berger endormi.*

Toile. Haut., 96 cent.; larg., 88 cent.

TENIERS (D'après D.)

285 — *La Cuisinière endormie.*

Toile. Haut., 30 cent.; larg., 46 cent.

THULDEN (Th. Van)

286 — *Le Bain de Diane.*

Cuivre dans un cadre à palmettes.

Haut., 54 cent.; larg., 71 cent.

TIÉPOLO

287 — *Amours autour d'une armoirie.*

Des Amours, volant dans le ciel parmi des nuées, soutiennent un blason surmonté d'une couronne ; certains d'entre eux personnifient la Musique et la Peinture ; un autre déverse une corne d'abondance ; d'autres enfin dansent parmi des guirlandes de fleurs.

Esquisse pour plafond.

Haut., 65 cent. 1/2; larg., 45 cent. 1/2

TINTORET (D'après Le)

288 — *La Cène.*

Toile. Haut., 43 cent. 1/2; larg., 96 cent.

TITIEN (D'après Le)

289 — *Offrande au Seigneur.*

Toile. Haut., 89 cent.; larg., 56 cent.

TITIEN (D'après Le)

290 — *Bacchanale.*

Cuivre. Haut., 45 cent.; larg., 51 cent.

TITIEN (D'après Le)

291 — *Le Martyre de Saint Pierre.*

Toile. Haut. 61 cent.; larg., 50 cent.

TOURNIÈRES (Attribué à)

292 — *La Nativité.*

Toile. Haut., 50 cent.; larg., 32 cent .1/2.

TOURNIÈRES (Attribué à)

293 — *Portrait d'Homme.*

Toile-médaillon. Haut., 43 cent.; larg., 35 cent.

TOURNIÈRES (Attribué à)

294 — *Portrait d'un Religieux.*

Panneau-médaillon dans un cadre en bois sculpté.

Haut., 22 cent.; larg., 17 cent.

TOURNIÈRES (Attribué à)

295 — *Portrait d'un Dominicain.*

Panneau. Haut., 19 cent.; larg., 15 cent.

TOURNIÈRES (Attribué à)

296 — *Portrait d'un Maréchal.*

Debout, en armure, l'épaule droite couverte d'un manteau rouge, la main gauche gantée appuyée sur son casque, il porte légèrement vers la gauche la tête fière, encadrée de cheveux blancs.

Toile. Haut., 64 cent.; larg., 49 cent.

TOURNIÈRES (Attribué à)

297 — *Jeune Moine en prières.*

Toile. Haut., 39 cent.; larg., 30 cent.

TOURNIÈRES (Attribué à)

298 — *Portrait de Jeune Seigneur.*

En tunique brodée d'or, le col orné d'un jabot de dentelles, il est drapé dans un ample manteau brun.

Toile. Haut., 73 cent.; larg., 60 cent.

TOURNIÈRES (Attribué à)

299 — *Portrait présumé de M*^{lle} *Fouté de Tessé.*

Elle est représentée les mains jointes, un mouton auprès d'elle.

Toile ovale dans un cadre en bois sculpté.

Haut., 32 cent.; larg., 40 cent.

TROOST (D'après CORNEILLE)

300 — *La Demande en mariage.*

Toile. Haut., 66 cent.; larg., 56 cent.

VALLIN

301 — *Nymphe et amours.*

Panneau dans un cadre en bois sculpté.

Haut., 21 cent. 1/2; larg., 16 cent.

VALLIN

302 — *Tête de Nymphe.*

Panneau circulaire. Diam., 20 cent.

VALLIN (Attribué à)

303 — *Bacchanale.*

Panneau. Haut., 13 cent.; larg., 20 cent.

VAN LOO (Attribué à Carle)

304 — *Tête de Jeune Fille dans l'attitude de l'imploration.*

Toile ovale dans un cadre en bois sculpté.

Haut., 40 cent.; larg., 32 cent.

VAN LOO (D'après Carle)

305 — *Les Enfants musiciens.*

Toile. Haut., 79 cent.; larg., 63 cent.

VÉNIUS (Attribué à Otto)

306 — *Sainte Famille.*

Panneau. Haut., 62 cent.; larg., 47 cent.

VERDUSSEN

307-308 — *Paysages avec figures, bestiaux et constructions.*

Deux panneaux se faisant pendants.

Haut., 24 cent.; larg., 48 cent.

VERNET (Attribué à JOSEPH)

309 — *Pêche au clair de lune.*

Toile. Haut. 64 cent.; larg. 81 cent.

VERNET (Attribué à JOSEPH)

310 — *Vue d'un port au clair de lune.*

Toile. Haut., 53 cent.; larg., 79 cent.

VERNET (Attribué à JOSEPH)

311 — *Tempête.*

Toile dans un cadre en bois sculpté.

Haut., 70 cent.; larg., 90 cent.

VERNET (École de JOSEPH)

312 — *Paysage lacustre au clair de lune.*

Cuivre. Haut., 26 cent.; larg., 23 cent. 1/2.

VÉRONÈSE (Manière de PAUL)

313 — *Vénus endormie.*

Panneau. Haut. 31 cent. ; larg., 45 cent.

VÉRONÈSE (D'après PAUL)

314 — *Mars, Vénus et l'Amour.*

Toile. Haut., 1 mètre; larg., 78 cent.

VOLAIRE (Le chevalier)

3I5 — *L'Éruption du Vésuve.*

Toile dans un cadre doré à palmettes.

Haut., 32 cent.; larg., 46 cent.

(Exposé au Salon de la « Correspondance », en 1779)

VOUET (Attribué à Simon)

3I6 — *Vénus et Adonis.*

Toile. Haut., 45 cent.; larg., 55 cent.

VOUET (École de Simon)

3I7-3I8 — *Sujets historiques.*

Deux cuivres circulaires se faisant pendants.

Diamètre, 20 cent.

VOUET (D'après Simon)

3I9 — *Figures allégoriques.*

Toile Haut., 96 cent.; larg., 83 cent.

VRIÈS (R. de)

320 — *Paysage boisé.*

Panneau. Haut., 39 cent.; larg., 51 cent.

WOUWERMAN (D'après Philippe)

32I — *Carrosse et cavaliers.*

Toile. Haut., 40 cent.; larg., 32 cent.

VUCHT (Jean Van)

322 — *Intérieur d'Église.*

Panneau. Haut., 32 cent.; larg., 38 cent. 1/2.

WYNTRACK (D.)

323 — *Entrée d'une ville hollandaise.*

Panneau. Haut.. 55 cent., larg. 44 cent. 1/2

WATTEAU (Attribué à)

324 — *Singe artiste.*

Panneau dans un cadre en bois sculpté.

Haut., 21 cent. 1/2; larg., 16 cent. 1/2.

WATTEAU (École de)

325-326 — *Femmes couchées.*

Deux toiles se faisant pendants.

Haut., 26 cent.; larg., 42 cent.

WERF (Attribué à Van der)

327 — *Jésus fléchissant sous la croix.*

Toile. Haut., 81 cent.; larg., 55 cent.

WELD (Attribué à Van de)

328 — *Paysan conduisant son troupeau.*

Toile. Haut., 26 cent. 1/2; larg., 32 cent.

WELDE (École de Van de)

329 — *Marine animée de figures.*

Panneau., Haut., 27 cent.; larg., 40 cent.

WILDENS (Attribué à Jean)

330 — *Bestiaux au milieu des Montagnes.*

Toile. Haut., 70 cent.; larg., 90 cent.

WYNANTS (Attribué à Jean)

331 — *Paysan sur la route.*

Panneau. Haut., 22 cent. 1/2 ; larg., 31 cent.

ZUCCARELLI (Attribué à François)

332 — *Bords de Rivière.*

Toile. Haut., 26 cent.; larg., 34 cent. 1/2.

ÉCOLE ALLEMANDE

333 — *Paysage avec rochers et maisonnette.*

Panneau. Haut., 23 cent.; larg., 31 cent.

ÉCOLE ALLEMANDE

334 — *Ecce Homo.*

Cuivre. Haut., 22 cent..; larg., 17 cent..

ECOLE ANGLAISE

335 — *Vieille Église sur une plage normande.*

Toile. Haut., 26 cent.; larg., 39 cent.

ÉCOLE ESPAGNOLE

336 — *La Vierge et l'Enfant.*

Toile dans un cadre en bois sculpté.

Haut., 47 cent.; larg., 36 cent.

ÉCOLE ESPAGNOLE

337 — *Scène mouvementée dans un temple.*

Toile. Haut., 57 cent.; larg., 70 cent.

ÉCOLE ESPAGNOLE

338 — *La Sainte Trinité.*

Toile. Haut., 76 cent.; larg., 57 cent.

ECOLE ESPAGNOLE

339 — *Portrait d'Homme coiffé d'une calotte.*

Toile dans un cadre en bois sculpté.

Haut., 42 cent.; larg., 32 cent.

ÉCOLE ESPAGNOLE

340 — *La Vierge aux Anges.*

Toile. Haut , 43 cent.; larg., 64 cent.

ÉCOLE FLAMANDE

341 — *La Garde du troupeau.*

Toile. Haut., 42 cent.; larg., 58 cent.

ÉCOLE FLAMANDE

342 — *Les Œuvres de Miséricorde.*

Panneau. Haut., 73 cent.; larg., 1 m. 3 cent.

ÉCOLE FLAMANDE

343 — *Effet d'incendie sur une rivière.*

Panneau. Haut., 19 cent.; larg., 16 cent.

ÉCOLE FLAMANDE

344 — *Loth et ses filles.*

Toile. Haut. 72 cent.; larg., 95 cent.

ÉCOLE FLAMANDE

345 — *Le Passeur.*

Toile. Haut., 58 cent.; larg., 71 cent.

ÉCOLE FLAMANDE

346-347 — *Intérieurs villageois.*

Deux panneaux se faisant pendants dans des cadres en bois sculpté.

Haut., 30 cent.; larg., 40 cent.

ÉCOLE FLAMANDE

348 — *Paysans et animaux au pied d'une colline.*

Toile. Haut., 99 cent.; larg., 83 cent.

ÉCOLE FLAMANDE

349 — *Tête de Madone couverte d'une étoffe brodée, dans un rayonnement.*

Panneau. Haut., 46 cent.; larg., 31 cent.

ÉCOLE FLAMANDE

350 — *Paysage montagneux avec perspective de château-fort.*

Toile dans un cadre à palmettes.

Haut.; 44 cent.; larg., 53 cent.

ÉCOLE FLAMANDE

351-352 — *Moines poursuivant des bergères.*

— *La Délivrance de la prisonnière.*

Deux panneaux se faisant pendants.

Haut., 33 cent.; larg., 30 cent.

ÉCOLE FLAMANDE

353 — *Bergers et leurs troupeaux.*

Panneau. Haut., 32 cent.; larg., 29 cent.

ÉCOLE FLAMANDE

354 — *Femme allaitant son enfant près d'un berger et de son troupeau.*

Panneau. Haut., 21 cent.; larg., 29 cent.

ÉCOLE FLAMANDE

355 — *Joueurs de cartes et musicien.*

Toile. Haut., 32 cent.; larg., 41 cent.

ÉCOLE FLAMANDE

356 — *Réunion de nombreux personnages dans une forêt.*

Panneau. Haut., 24 cent.; larg., 22 cent.

ÉCOLE FLAMANDE

357 — *Cavaliers et Muletiers.*

Panneau. Haut., 28 cent.; larg., 35 cent. 1/2.

ÉCOLE FLAMANDE

358 — *Portrait de Femme en toilette décolletée, le cou orné d'un rang de perles.*

Panneau dans un cadre en bois sculpté.

Haut., 41 cent.; larg., 25 cent.

ÉCOLE FLAMANDE

359 — *Le Chanteur ambulant.*

Toile. Haut., 1 m. 37 cent.; larg., 98 cent.

ÉCOLE FLAMANDE

360 — *Portrait d'Homme.*

Toile. Haut., 60 cent.; larg., 49 cent.

ÉCOLE FLAMANDE

361 — *Paysage montagneux aux bords d'un fleuve.*

Panneau. Haut., 31 cent.; larg., 53 cent.

ÉCOLE FLAMANDE

362 — *Vue de ville aux bords de l'Escaut.*

Toile. Haut., 80 cent.; larg., 1 m. 8 cent.

ÉCOLE FLAMANDE

363 — *Danses villageoises.*

Panneau. Haut., 32 cent.; larg., 45 cent.

ÉCOLE FLAMANDE

364 — *Suzanne et les Vieillards.*

Panneau. Haut., 28 cent.; larg., 22 cent. 1/2.

ÉCOLE FLAMANDE

365 — *Femme râpant du tabac.*

Panneau. Haut., 20 cent.; larg., 16 cent.

ÉCOLE FLAMANDE

366 — *Tête de Vieillard.*

Carton. Haut., 13 cent. 1|2; larg., 9 cent. 1/2

ÉCOLE FLAMANDE

367 — *L'Enfant Jésus portant sa croix.*

Cuivre dans un cadre en bois sculpté.

Haut., 16 cent.; larg., 12 cent. 1/2

ÉCOLE HOLLANDAISE

368-369 — *Paysage animé de figures et de bestiaux.*

Deux toiles ovales se faisant pendant.

Haut., 77 cent.; larg., 62 cent.

ÉCOLE HOLLANDAISE

370 — *Vaches au pâturage.*

Panneau. Haut., 24 cent.; larg., 34 cent.

ÉCOLE HOLLANDAISE

371 — *L'Échope du cordonnier.*

Toile. Haut., 58 cent.; larg., 78 cent.

ÉCOLE HOLLANDAISE

372 — *Profil de Femme coiffée d'un bonnet blanc.*

Panneau. Haut., 23 cent.; larg., 18 cent.

ÉCOLE HOLLANDAISE

373 — *Portrait d'Homme en buste.*

Panneau. Haut., 37 cent 1/2.; larg., 28 cent.

ÉCOLE HOLLANDAISE

374 — *Portrait d'Homme.*

Toile. Haut. 17 cent.; larg., 13 cent.

ÉCOLE HOLLANDAISE

375 — *Tour au bord de la rivière.*

Panneau dans un cadre en bois sculpté.

Haut., 14 cent.; larg., 17 cent. 1/2.

ÉCOLE ITALIENNE

376 — *Pieta.*

Cuivre. Haut., 16 cent. 1/2; larg., 13 cent.

ÉCOLE ITALIENNE

377 — *La Vierge et l'Enfant.*

Toile ovale. Haut., 72 cent.; larg., 58 cent.

ÉCOLE ITALIENNE

378 — *Profil de Femme blonde.*

Toile. Haut., 45 cent.; larg., 37 cent. 1/2.

ÉCOLE ITALIENNE

379 — *L'Enlèvement de Ganymède.*

Toile ovale en camaïeu.

Haut., 38 cent.; larg., 31 cent

ÉCOLE·ITALIENNE

380 — *Hercule et Omphale.*

Toile. Haut., 57 cent.; larg., 72 cent.

ÉCOLE ITALIENNE

381 — *Une Apparition.*

Toile. Haut., 76 cent.; larg., 56 cent.

ÉCOLE ITALIENNE.

382 — *Naufrage sur la côte.*

Toile. Haut., 63 cent.; larg., 92 cent.

ÉCOLE ITALIENNE

383 — *Le Ravin.*

Toile. Haut., 59 cent.; larg., 48 cent.

ÉCOLE ITALIENNE

384 — *Vertumne et Pomone.*

Toile. Haut., 48 cent.; larg., 58 cent.

ÉCOLE ITALIENNE

385 — *Les Anges visitant Abraham.*

Toile. Haut., 72 cent,; larg., 1 m. 10 cent.

ÉCOLE ITALIENNE

386 — *Tête de Christ.*

Panneau. Haut., 15 cent.; larg., 9 cent.

ÉCOLE ITALIENNE

387 — *Mercure dans un paysage.*

Toile. Haut., 92 cent.; larg., 79 cent.

ÉCOLE ITALIENNE

388 — *Saint Jean et la Croix.*

Panneau. Haut., 25 cent.; larg., 32 cent.

ÉCOLE ITALIENNE

389 — *Buste de Femme décolletée.*

Panneau. Haut., 19 cent.; larg., 15 cent.

ÉCOLE ITALIENNE

390 — *La Sainte Famille.*

Toile. Haut., 28 cent.; larg., 22 cent. 1/2.

ÉCOLE ITALIENNE

391 — *Tête de Saint.*

Carton. Haut., 20 cent.; larg., 15 cent. 1/2.

ÉCOLE ITALIENNE

392 — *Suzanne et les vieillards.*

Toile. Haut., 27 cent.; larg., 21 cent.

ÉCOLE ITALIENNE

393 — *La Vierge et l'Enfant.*

Toile. Haut., 22 cent.; larg., 18 cent.

ÉCOLE ITALIENNE

394 — *La Vierge.*

Cuivre. Haut., 22 cent. 1/2 ; larg., 18 cent.

ÉCOLE ITALIENNE

395 — *Saint Mathieu.*

Toile marouflée. Haut., 20 cent.; larg., 14 cent. 1/2.

ÉCOLE ITALIENNE

396 — *Paysage accidenté.*

Panneau. Haut., 29 cent.; larg., 39 cent.

ÉCOLE ITALIENNE

397 — *Bergère au bord d'une source.*

Toile. Haut., 30 cent.; larg., 41 cent.

ÉCOLE ITALIENNE

398 — *Paysage au bord d'une rivière.*

Toile. Haut., 24 cent.; larg., 32 cent

ÉCOLE ITALIENNE

399 — *Jeune fille blonde.*

Toile. Haut., 39 cent.; larg., 31 cent.

ÉCOLE ITALIENNE

400 — *Madeleine dans le désert.*

Toile. Haut., 31 cent.; larg., 40 cent

ÉCOLE ITALIENNE

401 — *Sujet tiré de l'Histoire Sainte.*

Toile. Haut., 1 m. 3 cent.; larg., 90 cent.

ÉCOLE ITALIENNE

402 — *La Sainte Famille.*

Toile. Haut., 96 cent.; larg., 74 cent.

ÉCOLE ITALIENNE

403 — *Amour parmi des fruits.*

Toile. Haut., 98 cent.; larg., 74 cent.

ÉCOLE ITALIENNE

404 — *Saint Mathias.*

Toile dans un cadre en bois sculpté.

Haut., 1 m. 16 cent.; larg., 1 mètre.

ÉCOLE ITALIENNE

405 — *Le Christ mort, soutenu par saint Jean.*

Toile. Haut., 44 cent.; larg., 34 cent.

ÉCOLE ITALIENNE

406 — *Pluton enlevant Proserpine.*

Toile. Haut., 1 m. 50 cent.; larg., 1 m. 15 cent.

ÉCOLE ITALIENNE

407 — *Mater Dolorosa.*

Cuivre. Haut., 22 cent; larg., 18 cent.

ÉCOLE ITALIENNE

408 — *Port de mer.*

Toile circulaire. Diam., 29 cent.

ÉCOLE ITALIENNE

409 — *Le Char de Mars.*

Toile. Haut., 42 cent.; larg., 64 cent.

ÉCOLE ITALIENNE

410 — *Paysage et figures.*

Toile. Haut., 62 cent. ; larg., 80 cent.

ÉCOLE ITALIENNE

411 — *La Sainte Famille.*

Panneau. Haut., 22 cent. 1/2 ; larg. 17 cent.

ÉCOLE ITALIENNE

412 — *Nymphe et Satyre.*

Toile. Haut., 42 cent.; larg , 35 cent.

ÉCOLE ITALIENNE

413 — *La Vierge et l'Enfant.*

Panneau. Haut., 33 cent.; larg., 28 cen .

ECOLE ITALIENNE

414 — *Vénus et l'Amour.*

Cuivre. Haut. 21 cent.; larg., 15 cent. 1/2.

ÉCOLE ITALIENNE

415 — *Le Christ portant sa croix.*

Panneau dans un cadre en bois sculpté.

Haut., 35 cent.; larg., 44 cent.

ÉCOLE ITALIENNE

416 — *Deux Saintes Femmes.*

Panneau. Haut., 12 cent. 1/2; larg., 9 cent. 1/2.

ÉCOLE ITALIENNE

417 — *La Vierge.*

Panneau. Haut., 17 cent. 1/2 ; larg., 14 cent.

ÉCOLE ITALIENNE

418 — *Sainte Madeleine.*

Panneau circulaire. Diam., 15 cent. 1/2.

ÉCOLE ITALIENNE

419 — *Paysage montagneux avec figures et troupeaux.*

Toile dans un cadre en bois sculpté.

Haut., 36 cent.; larg., 45 cent.

ÉCOLE ITALIENNE

420 — *L'Assomption.*

Toile dans un cadre en bois sculpté.

Haut., 71 cent.; larg., 57 cent.

ÉCOLE ITALIENNE

421 — *Paysage avec tour.*

Panneau. Haut., 10 cent.; larg., 15 cent.

ÉCOLE VÉNITIENNE

422 — *Bethsabée.*

Toile. Haut., 97 cent.; larg., 76 cent.

ÉCOLE VÉNITIENNE

423 — *Figure de Vierge dans un rayonnement, sur fond de fleurs.*

Cuivre. Haut., 23 cent.; larg., 19 cent.

ÉCOLE VÉNITIENNE

424 — *Le Meunier, son fils et l'âne.*

Cinq toiles en grisaille, maroufflées sur panneau.

Haut., 25 cent.; larg., 42 cent.

ÉCOLE VÉNITIENNE

425 — *Sujet historique.*

Toile-médaillon.

Haut., 61 cent.; larg., 46 cent.

ÉCOLE VÉNITIENNE

426 — *Vieillard et Courtisane.*

Toile dans un cadre en bois sculpté.

Haut., 19 cent. 1/2 ; larg., 22 cent.

ÉCOLE DE BOLOGNE

427 — *Saint Pierre et l'Ange.*

Panneau. Haut., 31 cent.; larg., 23 cent.

ÉCOLE DE BOLOGNE

428 — *Le Sommeil de l'Enfant Jésus.*

Toile dans un cadre en bois sculpté.

Haut., 35 cent.; larg., 45 cent.

ÉCOLE FRANÇAISE (xviie siècle)

429 — *Portrait de Femme en toilette décolletée.*

Toile ovale dans un cadre en bois sculpté.

Haut., 40 cent.; larg., 32 cent.

ÉCOLE FRANÇAISE (xviie siècle)

430 — *Portrait d'Homme en armure, tenant
de la main droite le bâton de commande-
ment.*

Toile. Haut., 91 cent.; larg., 71 cent.

ÉCOLE FRANÇAISE (xviie siècle)

431 — *La Vierge et l'Enfant Jésus.*

Toile dans un cadre en bois sculpté.

Haut., 71 cent.; larg., 57 cent.

ÉCOLE FRANÇAISE (xviie siècle)

432 — *Portrait d'Homme tenant une lettre à la main.*

Toile. Haut., 69 cent.; larg., 56 cent.

ÉCOLE FRANÇAISE (xviie siècle)

433 — *Scène de naufrage.*

Toile. Haut., 49 cent.; larg., 59 cent.

ÉCOLE FRANÇAISE (xviie siècle)

434 — *Minerve.*

Toile. Haut., 35 cent. 1/2 ; larg., 27 cent.

ÉCOLE FRANÇAISE (xviie siècle)

435 — *Joseph et Mme Putiphar.*

Toile. Haut., 33 cent.; larg., 46 cent.

ÉCOLE FRANÇAISE (Fin du xviie siècle)

436 — *L'Homme à la tabatière.*

Il est vêtu d'une tunique à petits brandebourgs. Sa chemise blanche brodée est largement échancrée au col. Un bonnet de soie rose couvre sa tête, et son épaule droite est revêtue d'une draperie de soie.

Toile. Haut., 80 cent.; larg., 64 cent.

ÉCOLE FRANÇAISE (xviiie siècle)

437 — *Pastorale.*

Toile dans un médaillon en bois sculpté.

Haut., 62 cent. 1/2 ; larg., 51 cent.

ÉCOLE FRANÇAISE (xviiie siècle)

438 — *Portrait de Femme à haute coiffure,*
vêtue d'une robe décolletée.

Toile-médaillon.

Haut., 30 cent. 1/2 ; larg., 25 cent.

ÉCOLE FRANÇAISE (xviiie siècle)

439 — *Offrande au printemps.*

Cuivre. Haut., 16 cent.; larg., 21 cent. 1/2.

ÉCOLE FRANÇAISE (xviiie siècle)

440 — *La Conversation galante.*

Toile ovale. Haut., 52 cent.; larg., 66 cent.

ÉCOLE FRANÇAISE (xviiie siècle)

441 — *Le Bain.*

Panneau. Haut., 31 cent.; larg., 22 cent.

ÉCOLE FRANÇAISE (Fin du xviiie siècle)

442 — *La Légende de l'abbaye de Saint-*
Sorlin.

Toile. Haut., 60 cent.; larg., 48 cent. 1/2.

ÉCOLE FRANÇAISE (Fin du xviiiᵉ siècle)

443-444 — *Portrait d'Homme tenant un livre.*

— *Portrait de Femme tenant des fleurs.*

Deux toiles se faisant pendant.

Haut., 85 cent.; larg., 67 cent.

ÉCOLE FRANÇAISE
(Commencement du xixᵉ siècle)

445 — *Maison au bord de l'eau.*

Toile. Haut., 59 cent.; larg., 71 cent.

ÉCOLE FRANÇAISE
(Commencement du xixᵉ siècle)

446 — *La Renommée.*

Panneau. Haut., 20 cent.; larg., 73 cent.

ÉCOLE FRANÇAISE

447 — *Vénus endormie.*

Panneau. Haut., 22 cent.; larg., 31 cent.

ÉCOLE FRANÇAISE

448 — *Vue d'un pont entre deux berges forti-fiées.*

Toile. Haut., 1 m. 7 cent.; larg., 85 cent.

ÉCOLE FRANÇAISE

449 — *Vénus et l'Amour.*

Toile. Haut., 45 cent.; larg., 35 cent.

ÉCOLE FRANÇAISE

450 — *Route au pied d'un rocher.*

Panneau. Haut., 10 cent.; larg., 14 cent.

ÉCOLE FRANÇAISE

451 — *Sujet galant.*

Panneau. Haut., 23 cent.; larg., 36 cent.

ÉCOLE FRANÇAISE

452 — *Buste de Jésus enfant.*

Toile. Haut., 39 cent.; larg., 31 cent.

ÉCOLE FRANÇAISE

453 — *Le Rendez-vous de chasse.*

Toile dans un cadre en bois sculpté.

Haut., 34 cent.; larg., 42 cent. 1/2.

ÉCOLE FRANÇAISE

454 — *La Vierge en buste.*

Panneau-médaillon.

Haut., 11 cent.; larg., 8 cent. 1/2.

ÉCOLE FRANÇAISE

455 — *Jupiter et Léda.*

Toile. Haut., 29 cent. 1/2 ; larg., 38 cent

ÉCOLE FRANÇAISE

456 — *Saint Louis en prière.*

> Toile. Haut., 81 cent.; larg., 56 cent.

ÉCOLE FRANÇAISE

457 — *Buste d'Écrivain.*

> Toile. Haut., 75 cent.; larg., 61 cent.

ÉCOLE FRANÇAISE

458 — *Le Baptême du Christ.*

> Esquisse sur toile. Haut., 40 cent.; larg., 32 cent.

ÉCOLE FRANÇAISE

459 — *Portrait de Femme en perruque pou-
drée.*

> Toile ovale marouflée, dans un cadre en bois
> sculpté.
>> Haut., 14 cent.; larg., 10 cent. 1/2.

ÉCOLE FRANÇAISE

460 — *Paysage avec voilier et barques.*

> Panneau. Haut., 15 cent.; larg., 22 cent. 1/2.

ÉCOLE FRANÇAISE

461 — *Vénus au bain.*

> Toile. Haut., 52 cent.; larg., 70 cent.

ÉCOLE FRANÇAISE

462 — *L'Offrande à Hercule.*

Toile. Haut., 36 cent.; larg., 5o cent.

ÉCOLE FRANÇAISE

463 — *Bouquet de fleurs dans un gobelet de cristal.*

Toile. Haut., 6o cent.; larg., 42 cent.

ÉCOLE FRANÇAISE

464 — *Le Joueur de flûte.*

Toile ovale. Haut. 64 cent.; larg., 53 cent.

ÉCOLE FRANÇAISE

465 — *Nymphe endormie, Faunes et Amours.*

Panneau. Haut., 21 cent.; larg., 33 cent.

ÉCOLE FRANÇAISE

466 — *Saint Nicolas.*

Toile ovale dans un cadre en bois sculpté.

Haut., 38 cent.; larg., 33 cent.

ÉCOLE FRANÇAISE

467 — *Pont sur la rivière.*

Toile marouflée. Haut., 32 cent.; larg., 46 cent.

ÉCOLE FRANÇAISE

468 — *Paysages.*

Deux petites toiles circulaires marouflées.

Diam., 12 cent.

ÉCOLE FRANÇAISE

469 — *Jésus et les disciples.*

Panneau. Haut., 20 cent.; larg., 31 cent.

ÉCOLE FRANÇAISE

470 — *Ruines avec figure.*

Toile. Haut., 18 cent ; larg., 34 cent.

ÉCOLE FRANÇAISE

471 — *Paysage.*

Toile. Haut., 21 cent.; larg., 17 cent.

ÉCOLE FRANÇAISE

472 — *La Femme au manchon.*

Toile. Haut., 40 cent.; larg., 32 cent.

ÉCOLE FRANÇAISE

473 — *Andromède.*

Toile. Haut., 25 cent.; larg., 19 cent. 1/2.

ÉCOLE FRANÇAISE

474 — *L'Ivresse de Silène.*

> Toile. Haut., 26 cent. 1/2 ; larg., 36 cent.

ÉCOLE FRANÇAISE

475 — *Paysage aux bords d'une rivière.*

> Panneau. Haut., 22 cent,; larg., 31 cent.

ÉCOLE MODERNE

476 — *La Fuite devant l'incendie.*

> Toile. Haut., 38 cent.; larg., 30 cent.

ÉCOLE MODERNE

477 — *Temps d'orage.*

> Toile. Haut., 34 cent.; larg., 44 cent.

INCONNU

478 — *Trompe-l'œil en grisaille.*

> Toile. Haut., 31 cent.; larg., 24 cent.

INCONNU

479 — *Les Ruines du Colisée.*

> Toile. Haut., 37 cent.; larg., 46 cent

AQUARELLES, PASTELS

GOUACHES, DESSINS ET GRAVURES

BOUCHER (École de F.)

480 — *Femme assise sur un lit.*

Dessin aux trois crayons.

Haut., 35 cent.; larg., 23 cent.

BOUCHER (D'après F.)

481 — *Groupe d'Amours.*

Dessin à la sanguine.

Haut., 22 cent.; larg., 35 cent.

BOUCHER (D'après F.)

482-483 — *Vénus et l'Amour.*

Deux pastels ovales.

Haut., 25 cent.; larg., 31 cent.

BOUCHER (D'après F.)

484 — *Saint Jean et l'Enfant Jésus.*

Dessin au crayon noir rehaussé de blanc.

Haut., 45 cent.; larg., 38 cent.

BOUTON (Charles-Marie)

485 — *Le Vieux pont.*

Dessin à la sépia, signé à gauche, en haut.

Haut., 10 cent.; larg., 14 cent. 1/2.

BRUANDET (Lazare)

486 — *Pêcheurs et bateliers sur une rivière.*

Gouache. Haut., 13 cent.; larg., 20 cent.

CALAME

487 — *La Maisonnette.*

Dessin à la sépia.

Haut., 16 cent.; larg., 20 cent.

CASANOVA (Attribué à)

488 — *Cheval tombé.*

Dessin au crayon noir rehaussé de blanc sur papier bleu.

Haut., 21 cent.; larg., 29 cent.

CHARLET

489 — *Le Bûcheron.*

Dessin à la mine de plomb, signé à droite en bas.

Haut., 14 cent.; larg., 12 cent.

CHARLET

490 — *Chevaux de selle.*

Dessin à la mine de plomb, signé à gauche en bas.

Haut., 13 cent.; larg., 9 cent. 1/2.

CHARLET

491 — *Le Vieux mendiant.*

Dessin à la plume, signé à gauche en bas et daté : *1828.*

Haut.; 14 cent. 1/2; larg., 10 cent.

COYPEL (D'après)

492-495 — *Les Saisons.*

Quatre gouaches.

Haut., 19 cent.; larg., 15 cent. 1/2.

DECAMPS

496 — *Animaux.*

Cinq croquis à la mine de plomb sous verre.

DECAMPS

497 — *Lionne couchée.*

Dessin à la mine de plomb, signé du monogramme à droite en bas.

Haut., 12 cent.; larg., 21 cent.

DOMINICAIN (Genre de ZAMPIÉRI, dit LE)

498 — *L'Extrême onction.*

Dessin à la sépia

Haut., 36 cent.; larg., 25 cent.

DOW (GÉRARD)

499 — *La Dame au clavecin.*

Dessin rehaussé dans un cadre en bois sculpté.
Signé à droite en haut du monogramme et daté :
1660.

Haut., 17 cent. 1/2 ; larg., 15 cent.

DROUAIS (École de)

500-501 — *Le Château de cartes.*

— *Les Bulles de savon.*

Deux pastels se faisant pendants, dans des
cadres ovales à moulures et rubans.

Haut., 55 cent.; larg., 45 cent.

FOREST

502 — *Paysage accidenté animé de figures.*

Dessin à la sépia.

Haut., 40 cent. ; larg., 25 cent.

FRAGONARD (D'après HONORÉ)

503 — *Le Baiser.*

Pastel ovale dans un cadre doré à moulure à
ruban.

Haut., 55 cent.; larg., 45 cent.

FRÈRE (THÉODORE)

504 — *Vue de Caen.*

Dessin à la mine de plomb rehaussé de blanc.
Signé à gauche en bas et daté : *1832.*

Haut., 18 cent.; larg., 14 cent 1/2.

GÉRICAULT

505 — *Cheval à l'abreuvoir.*

[Aquarelle. Haut., 19 cent.; larg., 11 cent.

GUIDO RENI (D'après)

506 — *Tête de Madone.*

Vélin ovale. Haut., 20 cent.; larg., 16 cent.

GUIDO RENI (D'après)

507 — *Le Sommeil de l'Enfant Jésus.*

Vélin ovale dans un cadre en bois sculpté.

Haut., 13 cent.; larg., 17 cent.

HUET (J.-B.)

508 — *Bestiaux passant un pont.*

Dessin aux deux crayons rehaussé de sépia.

Haut., 34 cent.; larg., 42 cent.

JOUANNY

509 — *Pur-sang conduit en main.*

Petite aquarelle, signée à droite en bas.

Haut., 8 cent. 1/2 ; larg., 16 cent.

LANCRET (D'après)

510 — *Femme assise.*

Dessin aux deux crayons.

Haut., 39 cent.; larg. 24 cent.

LANTARA

511 — *Maison à flanc de coteau.*

Dessin au crayon noir rehaussé de blanc sur papier bleu.

Haut., 30 cent.; larg., 47 cent.

LÉPICIÉ (Manière de)

512 — *Enfant endormi.*

Dessin au trois crayons.

Haut., 30 cent.; larg., 47 cent.

LESUEUR (Attribué à)

513 — *Moine écrivant.*

Sanguine.

Haut., 24 cent.; larg., 19 cent. 1/2.

LOTIER (L.)

514 — *Marine.*

Dessin à la plume.

Haut., 10 cent ; larg., 13 cent. 1/2.

LOUTHERBOURG (Attribué à)

515 — *Le Gué et la cascade.*

Un chariot chargé de paysans et suivi de bestiaux et de personnages à cheval vient de passer le gué ; sur la rive est resté un groupe de bergers : L'un d'eux s'occupe à jouer de la musique, tandis qu'un autre va puiser de l'eau dans son chapeau.

Gouache. Haut., 29 cent.; larg. 48 cent. 1/2.

MALLET (J.)

516-517 — *La Leçon de danse.*

— *La Leçon de guitare.*

Deux aquarelles dans des cadres Empire.

Haut., 27 cent. 1/2 ; larg., 20 cent.

MALLET (J.)

518 — *Le Lever du marmot.*

> Pendant qu'une femme procède à la toilette d'un petit garçon blond, deux jeunes filles s'occupent à filer la quenouille tandis qu'une vieille lit dans son fauteuil.
>
> Charmante scène, dans une pièce ornée de colonnades et de la statue d'Apollon dans une niche.
>
> Gouache dans un cadre à palmettes.

> Haut., 24 cent.; larg., 32 cent.

MALLET (Attribué à J.)

519 — *Scène d'Intérieur.*

> Aquarelle. Haut., 25 cent.; larg., 31 cent. 1/2.

MARLET (H.)

520 — *Bain de dames.*

> Aquarelle. Haut., 17 cent. 1/2; larg., 27 cent.

MEYER (Attribué à CONSTANCE)

521 — *Portrait de Femme coiffée d'un bonnet.*

> Dessin-médaillon rehaussé de blanc

> Haut., 21 cent.; larg., 17 cent.

MOREAU (Manière de)

522 — *Profil de Femme.*

Petit dessin-médaillon rehaussé d'aquarelle.

Haut., 7 cent. 1/2 ; larg., 7 cent.

OSTADE (École de Adrien Van)

523 — *Le Rémouleur.*

Gouache.

Haut., 20 cent.; larg., 16 cent.

PARROCEL (D'après)

524 — *Cavalier.*

Dessin à la plume.

Haut., 22 cent.; larg., 15 cent.

POUSSIN (Attribué à N.)

525 — *Les Saintes Femmes.*

Dessin à la sépia.

Haut., 25 cent. 1/2 ; larg., 20 cent. 1/2.

PRADIER (Attribué à)

526 — *Divinité marine.*

Dessin à la mine de plomb.

Haut., 14 cent.; larg., 18 cent. 1/2.

PRUD'HON (École de)

527 — Sujets variés.

Quatre dessins au crayon noir rehaussés de blanc sur papier bleu.

PRUD'HON (École de)

528 — *Hyménée.*

Dessin au lavis rehaussé de blanc.

Haut., 73 cent.; larg., 49 cent. 1/2.

PRUD'HON (École de)

529 — *Nymphe fustigeant l'Amour.*

Dessin au crayon noir sur papier bleu.

Haut., 48 cent.; larg., 39 cent.

RICCI (Attribué à SÉBASTIEN)

530 — *Diane et Callisto.*

Esquisse sur toile dans un cadre à palmettes.

Haut., 47 cent.; larg., 56 cent. 1/2.

ROBERT (École de HUBERT)

531 — *Ane au pied d'un saule.*

Dessin à la sanguine.

Haut., 38 cent. 1/2 ; larg., 29 cent.

7

ROQUEPLAN (Camille)

532 — *Le Vieux berger.*

Dessin à la mine de plomb ; signé à gauche en bas et daté : *1833.*

Haut., 29 cent.; larg., 22 cent.

T. DE J. (1820)

533 — *Intérieur de l'Abbaye aux Dames de Caen.*

Aquarelle gouachée.

Haut., 12 cent.; larg., 9 cent.

TENIERS (D'après)

534 — *Chirurgien de village.*

Gouache.

Haut., 31 cent.; larg , 14 cent.

TINTORET (École du)

535 — *La Cène.*

Dessin à la mine de plomb.

Haut., 21 cent.; larg., 49 cent. 1/2

VALENTIN (M.)

536 — *Sujet tiré de l'Histoire romaine.*

Dessin au lavis rehaussé de blanc.

Haut., 20 cent.; larg., 24 cent.

VERNET (Carle)

537 — *Cosaque du Don.*

Dessin à la sépia rehaussé de blanc, signé à gauche en bas.

Haut., 31 cent. 1/2; larg., 24 cent. 1/2.

VINCI (Genre de Léonard de)

538 — *Figures.*

Trois dessins à la plume dans un même cadre.

WATELET

539 — *Chasseur au bord d'un lac.*

Aquarelle gouachée, signée à gauche en bas et datée : *1829.*

Haut., 18 cent.; larg., 23 cent.

WATTEAU (D'après)

540 — *Réunion d'Enfants.*

Gouache. Haut., 16 cent. 1/2; larg., 20 cent.

ÉCOLE ALLEMANDE (xviiie siècle)

541 — *Le Coup de Tonnerre.*

Deux carrosses dans un paysage; l'un d'eux est prêt à partir; plusieurs personnages sont occupés à installer dans l'autre une femme que la crainte de l'orage, tout proche, a fait s'évanouir.

Gouache. Haut., 32 cent.; larg., 41 cent.

ÉCOLE ANGLAISE

542 — *Portrait de Jeune Femme en toilette blanche décolletée.*

Fixé. Haut., 32 cent. 1/2; larg., 25 cent.

ÉCOLE ANGLAISE

543 — *La Vierge aux cerises.*

Gravure rehaussée.

Haut., 29 cent.; larg, 40 cent. 1/2.

ÉCOLE ESPAGNOLE

544 — *Académie.*

Dessin à la sanguine.

Haut., 50 cent.; larg., 35 cent.

ÉCOLE ITALIENNE

545 — *Port de mer.*

Gouache. Haut., 42 cent.; larg., 55 cent.

ÉCOLE ITALIENNE

546-547 — *Paysage montagneux.*

— *Paysage lacustre.*

Deux gouaches.

Haut., 43 cent.; larg., 57 cent. 1/2.

ÉCOLE ITALIENNE

548 — *La Vierge et l'Enfant.*

Dessin à la plume rehaussé de sépia.

Haut., 30 cent.; larg., 14 cent.

ÉCOLE ITALIENNE

549 — *Projet de décoration.*

Dessin à la plume rehaussé de sépia.

Haut., 20 cent.; larg., 13 cent. 1/2.

ÉCOLE ITALIENNE

550 — *La Cène.*

Dessin rehaussé de sépia.

Haut., 15 cent. 1/2; larg., 41 cent.

ÉCOLE VÉNITIENNE

551 — *Sujet d'après l'antique.*

Dessin à la plume rehaussé de sépia.

Haut., 30 cent.; larg., 43 cent.

ÉCOLE FRANÇAISE (xviie siècle)

552 — *Hommages à la Souveraine.*

Gouache sur vélin provenant d'un éventail.

Haut.. 24 cent.; larg., 46 cent.

ÉCOLE FRANÇAISE (xviie siècle)

553 — *Le Bain de la Sultane.*

> Gouache sur vélin provenant d'un éventail.
>
> Haut., 19 cent.; larg., 40 cent.

ÉCOLE FRANÇAISE (xviie siècle)

554 — *Guerrier en cuirasse.*

> Dessin-médaillon à la sépia rehaussé de blanc.
>
> Haut., 19 cent.; larg., 15 cent.

ÉCOLE FRANÇAISE (xviiie siècle)

555 — *Les Trois Grâces.*

> Dessin à la sanguine.
>
> Haut., 30 cent. 1/2 ; larg., 42 cent. 1/2.

ÉCOLE FRANÇAISE

556-557 — *Cour de Ferme.*

— *Les Baraques.*

> Deux aquarelles se faisant pendants.
>
> Haut., 15 cent.; larg., 20 cent.

ÉCOLE FRANÇAISE (Fin du xviiie siècle)

558 — *Scène d'Intérieur.*

> Aquarelle. Haut., 12 cent.; larg., 18 cent. 1/2.

ÉCOLE FRANÇAISE

(Commencement du xixe siècle)

559 — *Portrait d'Homme portant les favoris et vêtu d'une redingote.*

Dessin médaillon au crayon noir.

Haut., 13 cent.; larg., 10 cent. 1/2.

ÉCOLE FRANÇAISE

560 — *Cérès.*

Gouache circulaire. (Fragment d'éventail.)

Diam., 15 cent.

ÉCOLE FRANÇAISE

561 — *Paysage baigné par un cours d'eau.*

Dessin à la plume.

Haut., 25 cent. 1/2; larg., 40 cent.

ÉCOLE FRANÇAISE

562 — *Buste de Femme blonde, les cheveux ornés d'un ruban.*

Porcelaine circulaire.

Diam., 10 cent. 1/2.

ÉCOLE FRANÇAISE

563 — *Scène tirée de l'Histoire romaine.*

Dessin à la plume rehaussé de sépia.

Haut., 25 cent. 1/2; larg., 33 cent.

ÉCOLE FRANÇAISE

564 — *Femme en extase.*

Gravure rehaussée.

Haut., 17 cent.; larg., 14 cent.

ÉCOLE FRANÇAISE

565 — *Figures.*

Dessin à la sanguine.

Haut.. 13 cent.; larg., 22 cent.

ÉCOLE FRANÇAISE

566 — *Villageois couché.*

Dessin à la sanguine dans un cadre en bois
sculpté.

Haut., 11 cent.; larg., 16 cent. 1/2.

ÉCOLE FRANÇAISE

567 — *Guerriers antiques conduisant des chevaux.*

Dessin à la plume rehaussé de lavis.

Haut., 10 cent.; larg., 13 cent. 1/2.

ÉCOLE FRANÇAISE

568 — *Jeux d'enfants.*

Dessin à la sanguine.

Haut., 18 cent,; larg., 15 cent.

ÉCOLE FRANÇAISE

569 — *La Jeune Fille à la capeline.*

Pastel ovale.

Haut., 42 cent.; larg., 33 cent.

ÉCOLE FRANÇAISE

570 — *La Ronde des amours.*

Gravure-médaillon en couleurs dans un cadre de bois sculpté.

Haut., 30 cent. 1/2; larg., 23 cent

ÉCOLE FRANÇAISE

571 — *La Frayeur.*

Petit dessin à la plume rehaussé de sépia.

Haut., 8 cent. 1/2; larg., 7 cent.

ÉCOLE DE 1830

572 — *Danses Italiennes.*

Aquarelle.

Haut., 39 cent.; larg., 51 cent.

ÉCOLE MODERNE

573-574 — *Ronde au clair de lune.*
— *Coucher de soleil.*

Deux pastels gouachés se faisant pendants.

Haut., 37 cent.; larg., 50 cent.

PORCELAINES FRANÇAISES

575 — Tasse et sa soucoupe en ancienne porcelaine de Paris à bande bleu et or, et entrelacs de guirlandes fleuries. Fin du xviiie siècle.

576 — Tasse et sa soucoupe en ancienne porcelaine de Paris, à bouquets et dorure.

577 — Tasse et sa soucoupe en ancienne porcelaine de Paris, à décor de bleuets en réserve sur fond semé de fleurettes et dorures.

578 — Tasse et sa soucoupe en ancienne porcelaine de Paris, à bouquets et filets dorés.

579 — Tasse droite et sa soucoupe en ancienne porcelaine de Paris, à décor de figures dans des losanges, paysages en camaïeu, rinceaux, volatiles, etc.

580 — Tasse et sa soucoupe en ancienne porcelaine de Paris, à flèches, carquois, torches et dorure. Époque Empire.

581 — Tasse et sa soucoupe, en ancienne porcelaine de Paris, décor en grisaille. Époque Empire.

582 — Six assiettes en ancienne porcelaine de
Paris à décor de fleurs, bords à dorures.

583 — Petit plat à barbe en ancienne porcelaine de Paris, décor à bleuets.

584 — Paire de poêlons couverts, en ancienne
porcelaine de Paris, à fleurs et dorures ;
boutons à fruits.

585 — Paire de petits poêlons couverts en
ancienne porcelaine de Paris, à fleurs et
boutons dorés. xviiie siècle.

586 — Verseuse et deux pots à lait en ancienne porcelaine de Paris, décor au barbeau.

587 — Petit pot à fard en ancienne porcelaine
de Paris, à dorures.

588 — Paire de cache-pots, en ancienne porcelaine de Paris, à décor de bleuets et
dorures.

589 — Paire de cache-pots plus grands, même
porcelaine, décor au barbeau.

590 — Pot à eau et cuvette en ancienne porcelaine de Paris, à réserve d'amours sur
fond blanc à dorures. Époque Empire.

591 — Petite cuvette oblongue en ancienne porcelaine de Paris, à fleurs et dorures.

592 — Vase à anses en porcelaine de Paris, à décors dorés sur fond bleu. Epoque Restauration.

593 — Pot couvert en ancienne porcelaine de Paris, décor au barbeau.

594 — Petit pot couvert en ancienne porcelaine de Paris, à dorures. Epoque Empire.

595 — Coupe ajourée en porcelaine de Paris, à dorures. Epoque Restauration.

596 — Deux beurriers, à double récipients couverts, et saleron en porcelaine à la Reine, décor au barbeau.

597 — Dix-sept assiettes en ancienne porcelaine de Locré, à semis de bouquets et bords dorés.

598 — Six compotiers en ancienne porcelaine de Locré, à bouquets de fleurs et bords dorés.

599 — Tasse droite et sa soucoupe en ancienne porcelaine de Sèvres à vases de fruits, guirlandes, couronnes de fleurs ; la soucoupe est marquée d'initiales.

600 — Tasse et sa soucoupe en ancienne porcelaine de Sèvres, à fleurs et dorures.

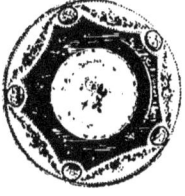

No 608

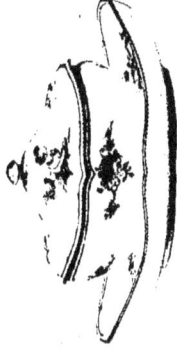

No 618

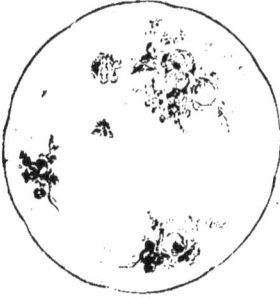

No 629

No 607

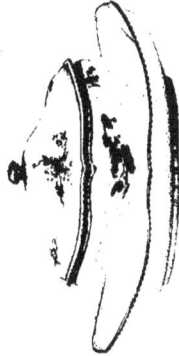

No 618

601 — Tasse et sa soucoupe en ancienne pâte
tendre de Sèvres, à décor de paysage
animé en camaïeu violet sur fond blanc ;
bord à filet doré.

602 — Tasse et sa soucoupe en ancienne pâte
tendre de Sèvres, à fleurs et feuillage en
dorure sur fond blanc.

603 — Tasse droite et sa soucoupe en ancienne
pâte tendre de Sèvres, à semis de fleurettes,
bords présentant des réserves de roses
et de guirlandes entre deux filets dorés.

604 — Petite tasse droite en ancienne pâte
tendre de Sèvres, à lambrequins et rocailles
sur fond blanc.

605 — Petite tasse droite en ancienne pâte
dure de Sèvres, à guirlande et semis de
fleurettes.

606 — Petite tasse droite et sa soucoupe en ancienne pâte tendre de Sèvres, à bleuets et
dorures.

607 — Tasse et sa soucoupe en ancienne porcelaine de Sèvres, pâte dure, à réserves
quadrilobées de raisins et épis sur fond
marron ; encadrement et bords à filets
dorés et guirlandes de fleurettes ; décor
par *Vincent*.

608 — Tasse et sa soucoupe en ancienne porcelaine de Sèvres, pâte dure, à petits médaillons de paysages et guirlandes ; fond
vert à bandes dorées, bouquets et chutes
de fleurs.

609 — Tasse et sa soucoupe en ancienne porcelaine de Sèvres, à bouquets de fleurs et
motifs rocaillés en bleu et dorure.

610 — Tasse et sa soucoupe en ancienne pâte
tendre de Sèvres, à décor de cannelures en
camaïeu violet et de bande transversale
dorée.

611 — Tasse et sa soucoupe en ancienne pâte
tendre de Sèvres, à décor de dentelures en
violet, bandes jaunes, fleurettes et réserve
d'initiales dans un médaillon enrubanné.

612 — Tasse et sa soucoupe en ancienne porcelaine de Sèvres, à dorures et marquées d'un
chiffre en médaillon.

613 — Tasse en ancienne porcelaine de Sèvres,
à bouquets et dorure.

614 — Soucoupe en ancienne porcelaine de
Sèvres, à rinceaux et entrelacs bleu et or.

615 — Assiette en ancienne porcelaine de Sèvres,
à fleurettes et filets bleus.

616 — Assiette en ancienne pâte tendre de Sèvres gaufrée au bord et décorée de motifs rocaillés en bleu et semis de bouquets.

617 — Assiette en ancienne porcelaine de Sèvres, à guirlande de fleurs, entrelacs, filets dorés et torsades de rubans.

618 — Deux sucriers couverts, à plateaux adhérents, en ancienne porcelaine de Sèvres, à fleurs, filets bleus et dorures.

619 — Pichet en ancienne pâte tendre de Sèvres, à bouquets de fleurs, bords filetés de dorure et de bleu.

620 — Pot à pommade en ancienne porcelaine blanche de Sèvres, à dorures, couvercle à rose.

621 — Petite jardinière circulaire en ancienne porcelaine de Sèvres, à fond bleu ajouré, avec décor de réserves fleuries et de couronnes de laurier.

622 — Petite coupe à anses et son présentoir en ancienne porcelaine de Sèvres, à dorures sur fond gros bleu, bords décorés en camaïeu violet de paysages animés.

623 — Petite corbeille en ancienne pâte tendre de Sèvres, à réserves de fleurs sur fond bleu imitant la vannerie ; monture en cuivre.

624 — Petite pomme de canne en ancienne
pâte tendre de Saint-Cloud, à décor de
lambrequins en bleu.

625 — Deux petits pots en ancienne porcelaine
de Chantilly, à décor coréen.

626 — Service en ancienne pâte tendre de
Chantilly, à décor de fleurs en relief, comprenant : un sucrier, six tasses et leurs
soucoupes.

627 — Coquetier en ancienne pâte tendre de
Mennecy, à fleurs.

628 — Beurrier et plateau adhérent, muni d'un
couvercle en ancienne pâte tendre de
Mennecy, à semis de bouquets ; bouton à
roses.

629 — Écuelle couverte et plateau en ancienne
pâte tendre de Mennecy, à décor de bouquets et semis de fleurettes ; anses et
boutons à branchages, feuilles et petits
filets rouges.

630 — Tasse droite et sa soucoupe en ancienne
porcelaine de Tournai, à décor bleu
rayonnant.

631 — Tasse et sa soucoupe en ancienne
porcelaine de Tournai, à décor bleu.

632 — Petit beurrier à plateau adhérent en
ancienne porcelaine de Tournai, à réserves
de fleurs sur fond gros bleu à dorures ;
couvercle à bouton doré.

633 — Tasse droite et sa soucoupe en ancienne
porcelaine de Boissette, à décor de rinceaux,
médaillons et guirlandes. Époque Empire.

634 — Petit service en ancienne porcelaine de
Boissette, à décor de bouquets et lambrequins dorés à quadrillages ; il comprend :
une théière, une verseuse, quatre tasses et
quatre soucoupes.

635 — Petit service en ancienne porcelaine de
Boissette, comprenant : un sucrier, trois
tasses et deux soucoupes.

636 — Légumier couvert et son présentoir en
ancienne porcelaine de Boissette, à fleurs
et filets dorés ; anses et boutons de branchage.

637 — Paire de petits poêlons en ancienne
porcelaine de Boissette, à décor de guirlandes et filets dorés ; couvercle à fruit.

638 — Deux compotiers en ancienne porcelaine de Boissette gaufrée, à fleurs et
dorure.

639 — Ecuelle munie d'anses avec couvercle et présentoir en porcelaine d'Etiolles à fleurs, décor en grenat et dorures ; bouton à fruit.

640 — Salière plate en ancienne pâte tendre française.

PORCELAINES

DE

CHINE, JAPON, SAXE ET AUTRES

641 — Assiette creuse en ancienne porcelaine de Chine, à rameaux fleuris.

642 — Plat à bords mouvementés en ancienne porcelaine de Chine, à pagodes.

643 — Plat ovale en ancienne porcelaine de Chine, à décor bleu.

644 — Petit bol et soucoupe en ancienne porcelaine de Chine, à décor bleu.

645 — Bol godronné en ancienne porcelaine de Chine, à poissons et plantes aquatiques.

646 — Théière en ancienne porcelaine de Chine, à décors de fleurs en bleu.

647 — Théière en ancienne porcelaine de Chine, à arbustes fleuris, oiseaux et insectes.

648 — Soupière couverte et son plateau en ancienne porcelaine de Chine, à décor de paysage accidenté ; boutons et anses à rocaille.

649 — Soupière en ancienne porcelaine de Chine, à décors de fleurs et d'arbustes ; anses à têtes de lapins. (Bouton brisé.)

650 — Paire de petits pots à pommade en ancienne porcelaine de Chine, à décor de fleurs, oiseaux et insectes. Époque Kienlung. Monture en argent.

651 — Petit pot à pommade en ancienne porcelaine de Chine, à fleurs; bordure brune quadrillée.

652 — Pot en ancienne porcelaine de Chine, à décors de paysages accidentés.

653 — Cache-pot en ancien blanc de Chine, à mascarons, rocailles et fleurs.

654 — Bouteille à long col en ancienne porcelaine de Chine, à décor en bleu de personnage et vases.

655 — Paire de vases-cornets en ancienne
porcelaine de Chine, à fleurs, arbustes et
volatiles sur des rocailles ; bord supérieur à
lambrequins. Époque Kien-lung.

656 — Paire de grands flacons à thé en ancienne porcelaine de Chine, à décor de
meubles, vases et ustensiles divers. Époque
Kien-lung. (Couvercles en tôle vernie).

657 — Encrier circulaire en porcelaine de
Chine, à décors en bleu de quadrillages.

658 — Poule sur un tronc d'arbre. Ancienne
porcelaine de Chine.

659 — Paire de magots agenouillés et tenant
un bol en ancienne porcelaine de Chine ;
émail à fleurs sur fond jaune.

660 — Figurine, en porcelaine de Chine, [de
personnage assis auprès d'un vase et tenant
un poisson.

661 — Deux tasses et leurs soucoupes en
ancienne porcelaine de la Compagnie des
Indes, à fleurs et entrelacs dorés.

662 — Bol et soucoupe en ancienne porcelaine
de la Compagnie des Indes, à fleurs et
filets.

663 — Petit bol en ancienne porcelaine de la Compagnie des Indes. Deux autres en ancienne porcelaine du Japon.

664 — Théière en ancienne porcelaine de la Compagnie des Indes, à décor de fleurs.

665 — Théière et son couvercle en ancienne porcelaine de la Compagnie des Indes, à fleurs en camaïeu rouge.

666 — Théière en ancienne porcelaine de la Compagnie des Indes, à réserves de bouquets sur fond semé de fleurettes ; bord à quadrillages roses.

667 — Petite verseuse en ancienne porcelaine de la Compagnie des Indes, à bouquets de fleurs.

668 — Sucrier couvert en ancienne porcelaine de la Compagnie des Indes, à semis de bouquets et quadrillages en rouge.

669 — Petit moutardier couvert et son plateau en ancienne porcelaine de la Compagnie des Indes, à fleurs, quadrillages rouges et dorures.

670 — Légumier couvert en ancienne porcelaine de la Compagnie des Indes, à bouquets fleuris noués par des rubans ; bouton et anses à branchages.

671 — Petit vase en ancienne porcelaine de la Compagnie des Indes, à fleurs et guirlandes.

672 — Deux plats octogonaux en ancienne porcelaine du Japon, à décor de pagode en bleu.

673 — Théière munie d'une anse en ancienne porcelaine du Japon, à décor bleu.

674 — Porte-huilier, composé d'un plateau mouvementé, en ancienne porcelaine du Japon, à décor en bleu et dorures ; ceinture, bouchons et monture pour deux récipients en bronze ciselé et doré.

675 — Pot couvert en ancienne porcelaine polychrome du Japon.

676 — Figurine de femme en ancienne porcelaine du Japon.

677 — Environ soixante assiettes variées en anciennes porcelaines de Chine et du Japon, décors bleus. (Seront divisées.)

678 — Tasse couverte et munie d'une anse en porcelaine de Saxe-Marcolini, à rinceaux sur fond bleu; bouton en bronze, forme fruit.

679 — Quatre tasses et trois soucoupes en ancienne porcelaine de Saxe-Marcolini, à fleurs et enroulement de rubans.

680 — Flacon et plateau à pans en porcelaine
de Saxe gaufrée et décorée de paysages en
camaïeu violet.

681 — Petite buire couverte en porcelaine de
Vienne, présentant un monument en réserve sur fond à dorures, rinceaux et
pointillés ; bec à mascarons.

682 — Bonbonnière en ancienne porcelaine de
Saxe, à fleurs, présentant au revers du
couvercle un sujet équestre en camaïeu
violet. Monture argent doré.

683 — Petit pot à pommade en ancienne porcelaine de Saxe, à fleurs.

684 — Sucrier lobé et son couvercle en porcelaine de Saxe-Marcolini, à bouquets ; bouton à roses.

685 — Chocolatière en porcelaine d'Allemagne,
à fleurs.

686 — Légumier couvert et son plateau en
porcelaine de Saxe-Marcolini gaufrée, à
fleurs, fruits et dorures. Couvercle à fleurettes.

687 — Deux jardinières ovales, munies d'anses,
en ancienne porcelaine d'Allemagne, à
fleurs.

688 — Six couteaux à manches en ancienne porcelaine de Saxe, à décor de pagodes et personnages chinois.

689 — Statuette de fillette jouant de la harpe en ancienne porcelaine de Saxe. Socle en bronze doré à rocaille.

690 — Statuette, en ancienne porcelaine de Saxe, d'amour assis enroulé dans une draperie bleue.

691 — Statuette d'amour, tenant une flèche, en ancienne porcelaine de Saxe.

692 — Groupe d'amours sur des rocailles en ancienne porcelaine de Saxe ; l'un tient dans ses mains une cage et un oiseau.

693 — Paire de petits léopards en ancienne porcelaine de Saxe.

694 — Pintade en ancienne porcelaine de Saxe. (La tête manque.)

695 — Petit beurrier ovale avec couvercle et présentoir en ancienne porcelaine de Worcester, à décor de fleurs et rameaux en relief formant les anses et le bouton du couvercle, ainsi que de fleurettes et bandes pointillées en bleu.

696 — Petite potiche en ancienne porcelaine de Worcester, à décor de fleurettes et médaillons en bleu.

697 — Tasse et soucoupe en ancienne porcelaine de Grosfield, à décor de cavaliers dans des paysages, ainsi que de motifs en dorure.

698 — Petit pot à pommade en ancienne porcelaine blanche, à fleurs à relief.

699 — Cinq petits pilastres en ancienne porcelaine blanche, provenant d'un surtout de table.

700 — Statuette de fillette, tenant des fleurs, en ancienne porcelaine blanche.

701 — Groupe en ancienne porcelaine blanche : Vénus et l'Amour.

702 — Deux petits personnages en ancienne porcelaine blanche.

703 — Lot de couvercles en porcelaines de Paris, Compagnie des Indes et pâtes tendres variées. (Sera divisé.)

FAIENCES

704 — Jardinière rectangulaire et deux autres
carrées en ancienne faïence de Sceaux,
présentant des médaillons d'oiseaux entou-
rés de rubans et de fleurs sur fond blanc à
filets rouges ; pans à cannelure et pieds à
volutes.

705· — Jardinière, de forme demi-lune, en ancienne faïence de Sceaux, à cannelures, et
posant sur quatre pieds ; décor de bouquets, torsades et rangs de feuilles.

706 — Porte-huiliers ajouré en faïence de
Sceaux, avec ses burettes en cristal.

707 — Vase fleuri auprès d'un oiseau, en ancienne faïence de Sceaux.

708 — Assiette à bords contournés en ancienne faïence de Rouen, à vase de fleurs
et insectes.

709 — Plat en ancienne faïence de Rouen, à
décor de perroquet au fond et lambrequins
au marli.

710 — Trois plats oblongs en ancienne faïence
de Rouen, à fleur au centre et lambrequins
au pourtour.

711 — Couvercle oblong, provenant d'une soupière, en ancienne faïence de Rouen, à
décor de fleurs et quadrillages.

712 — Compotier plat en ancienne faïence de
Rouen, à décor bleu de lambrequins, couronnes et rosaces.

713 — Bannette à anses en ancienne faïence
de Rouen, décor à la corne.

714 — Bannette à anses en ancienne faïence
de Rouen, décor au carquois

715 — Porte-huilier en ancienne faïence de
Rouen, à décor de lambrequins bleus ; petite
salière plate, même matière.

716 — Pichet en ancienne faïence de Rouen, à
décor polychrome de quadrillages, lambrequins et arbustes fleuris et présentant en
réserve la figure de Saint Pierre en prière.

717 — Bouteille et deux plus petites en ancienne faïence de Rouen, à décor bleu.

718 — Vase à cannelures en ancienne faïence
de Rouen, à lambrequins bleus.

719 — Cache-pot en ancienne faïence polychrome de Rouen à lambrequins et guirlandes
de fleurs,

720 — Jardinière à pans en ancienne faïence de Rouen, décor en bleu.

721 — Deux sucriers à saupoudrer en ancienne faïence de Rouen, à lambrequins ; l'un d'eux est muni d'une monture en métal.

722 — Grand plat en ancienne faïence de Nevers, à sujets d'offrande au vainqueur.

723 — Plat multilobé en ancienne faïence de Nevers, décor au Chinois.

724 — Vase, à anses-torsades, en ancienne faïence de Nevers, à paysage et personnages.

725 — Buire en ancienne faïence de Nevers, à décors de personnages et arbustes.

726 — Petit pot à anses en ancienne faïence de Nevers, à lambrequins.

727 — Hanap en ancienne faïence de Nevers, à décors de personnages chinois.

728 — Figurine d'homme portant une coquille et à cheval sur un triton. Ancienne faïence de Nevers.

729 — Groupe en ancienne faïence de Nevers, présentant la Vierge et sainte Anne.

730 — Douze assiettes plates en ancienne faïence de Moustiers, à décor en bleu de bustes, volatiles et lambrequins, d'après BÉRAIN.

731 — Jardinière, de forme carrée, à faces mouvementées, ornée de rocailles en rouge et de groupes d'oiseaux. Ancienne faïence d'Aprey.

732 — Dix assiettes en ancienne faïence de Strasbourg, décor au Chinois.

733 — Quatre compotiers carrés en ancienne faïence de Strasbourg, décor au Chinois.

734 — Saladier en ancienne faïence de Strasbourg, à roses.

735 — Soupière couverte et munie d'anses en ancienne faïence de Strasbourg, décor au Chinois.

736 — Légumier couvert en ancienne faïence de Strasbourg, à décor de roses.

737 — Petit légumier rond en ancienne faïence de Strasbourg, à fleurs.

738 — Deux sucriers couverts, et à plateaux adhérents, munis de leurs pelles à saupoudrer, en ancienne faïence de Strasbourg (?), à fleurs et rocailles rouges.

739 — Moutardier en ancienne faïence de Strasbourg, à décor fleuri et au Chinois.

740 — Porte-huilier en ancienne faïence de Strasbourg (marque de *Paul Hannong*), avec ses burettes en cristal.

741 — Six petits pots à crème en ancienne faïence de Strasbourg, décor au Chinois.

742 — Trois petites statuettes, en ancienne faïence de l'Est : Violoneux, joueur et joueuse de vielle.

743 — Deux statuettes de fillettes en ancienne faïence blanche de l'Est.

744 — Assiette en ancienne faïence de Delft, à décor en bleu de personnages se promenant dans un parc.

745 — Petit sucrier à panse, muni d'un couvercle, en ancienne faïence de Delft, à décor de lambrequins en bleu.

746 — Petite bouteille en ancienne faïence de Delft, à lambrequins.

747 — Vase-cornet en ancienne faïence de Delft, à lambrequins.

748 — Potiche en ancienne faïence de Delft, à décor bleu de fleurs et feuillages ; couvercle surmonté d'un chien de Fô.

749 — Paire de potiches en ancienne faïence de Delft, à décor bleu, recouvertes de laque rouge et or, à fleurs, rocailles et oiseaux ; col à lambrequins en deux tons.

750 — Jardinière couverte et munie d'anses en ancienne faïence de **Delft**.

751 — Statuette de femme en faïence de Hoechst.

752 — Plat chargé de figues en ancienne faïence du Midi.

753 — Figurine de femme en ancienne faïence du Midi ; elle est drapée dans une robe ample à décor caillouté.

754 — Tasse et soucoupe en ancienne faïence de Castelli, à personnages.

755 — Tasse et présentoir en ancienne faïence italienne, à décor d'amours.

756 — Potiche couverte en faïence italienne, à personnages.

757 — Corbeille et deux plateaux ovales en faïence blanche imitant la vannerie et ornés de fleurettes et feuilles.

758 — Corbeille circulaire, munie d'anses, en faïence blanche, à décor de médaillons, cannelures et entrelacs.

759 — Corbeille ajourée en ancienne faïence, à fleurettes.

760 — Deux petites jardinières d'applique en ancienne faïence polychrome.

761 — Quatre assiettes rondes et neuf assiettes à pans en terre de pipe.

762 — Deux tasses à pans en ancienne terre de pipe, à décors chinois.

763 — Deux porte-huiliers en ancienne terre de pipe.

764 — Deux grandes soupières en ancienne terre de pipe.

765 — Petite ménagère en ancienne terre de pipe, présentant une corbeille suspendue, garnie de cinq récipients.

766 — Théière en terre noire, à décor de bas-reliefs. Commencement du XIXe siècle.

767 — Plat creux ajouré en céramique, genre Palissy, à décor de fleurs, rang de feuilles et arabesques.

768 — Petit plat creux et ovale en céramique genre Palissy, présentant au fond un sujet de nudité : La Source.

769 — Compotier en céramique, genre Palissy, à décor d'amours bacchants; bords à motifs rayonnants.

770 — Paire de chimères en céramique. Travail italien.

BISCUITS

771 — Deux figurines d'enfants appuyés sur un roc.

772 — Statuette de fillette courant, drapée dans une étoffe légère.

773 — Petite statuette de Flore.

774 — Statuette de saint personnage.

775 — Statuette de bouquetière.

776 — Statuette de Vestale drapée, près d'un socle circulaire à bas-reliefs. Époque Empire.

777 — Statuette d'Amour guerrier, partiellement émaillée en bleu et dorure. Époque Empire.

778 — Groupe de jeune seigneur en cuirasse lutinant une paysanne dont le panier de fleurs est tombé à terre. Ancienne pâte tendre.

779 — Deux statuettes, pouvant se faire pendants, sur socles circulaires : Amour assis près de son carquois; Jeune baigneuse assise.

780 — Groupe familial.

781 — Groupe de villageois.

782 — Groupe de jeunes jardiniers.

783 — Deux groupes à sujets galants.

784 — Buste du général Bonaparte.

785 — Buste d'un général de l'Empire.

786 — Bas-relief de forme médaillon, présentant le profil d'un seigneur vêtu de l'armure.

787 — Autre. Profil de bacchante.

788 — Bas-relief circulaire, présentant le profil de Henri IV.

789 — Médaillon présentant un profil d'homme. (Limoges.)

No 941

No 965

No 953

No 958

No 778

No 953

No 941

790 — Petit encrier, forme cygne, partiellement doré. (Niederwiller.) Époque Empire.

791 — Pichet. (Weedgwood.)

792 — Paire de petits vases.

BOIS, TERRES CUITES
MARBRES, IVOIRES

793 — Statuette de Saint Pierre en bois sculpté,
redoré.

794 — Statuette d'homme en bois sculpté, le
pied posé sur une bête fauve.

795 — Figurine en buis sculpté de nymphe
endormie parmi des fleurs. xviiie siècle.

796 — Petite figurine en buis sculpté : La
Vierge et l'enfant; base en bois mouluré.

797 — Pieta en bois sculpté et doré, sur piédouche.

798 — Médaille en buis sculpté, présentant, en
bas-relief, Henri IV revenant de la chasse.

799 — Projet de tombeau en réduction; bois
sculpté partiellement doré et peint présentant des bas-reliefs.

800 — Paire de socles d'appliques en bois
sculpté à rosaces et coquilles. Époque
Louis XIV.

801 — Paire de supports d'encoignure en bois
sculpté ajouré et redoré, à fleurs et motifs
de feuillage. Époque Louis XIV.

802 — Miroir, cadre en bois sculpté et redoré.
Époque Régence.

803 — Petit miroir rectangulaire, cadre en
bois doré et ajouré. Époque Louis XIV.

804 — Statuette de femme couchée en ancienne
terre cuite.

805 — Figurine, en ancienne terre cuite, de
Lion assis.

806 — Groupe en terre cuite, signé *Lévêque* :
Nymphe emportée par un dieu marin.

807 — Groupe, en terre, de femme portant un
enfant enguirlandé.

808 — Petit buste de nymphe en ancienne terre
cuite.

809 — Bas-relief-médaillon en terre cuite, présentant le profil d'une souveraine.

810 — Ancien bas-relief en terre cuite : Jeux d'amours.

811 — Ancien bas-relief en terre, présentant l'Adoration des mages.

812 — Petit cadre en terre émaillé, à fronton de rubans.

813 — Figurine, en marbre blanc, d'amour couché et tenant une torche. Commencement du xviiie siècle.

814 — Figurine, en marbre blanc, de l'Enfant Jésus couché et tenant la Croix. Époque Renaissance.

815 — Figurine, en ancien marbre blanc, d'enfant étendu et dormant. (Pied gauche brisé.)

816 — Buste, en marbre blanc, de femme couverte d'une draperie retenue par un ruban. xviiie siècle.

817 — Lion héraldique en ancien marbre rouge.

818 — Coupe oblongue en marbre veiné, posant par des pilastres en bronze sur une base bleu turquin. Fin de l'Époque Empire.

819 — Statuette de Vénus en ancien ivoire sculpté.

820 — Figurine, en ivoire sculpté, de Saint-Jean couronné par un ange; socle en bois sculpté et doré. Fin du xviie siècle.

821 — Statuette en ivoire d'Ephèbe, drapé à mi-corps et jouant de la flûte. xviie siècle.

822 — Figurine en ivoire sculpté: Homme à cheval sur un aigle; base circulaire en bois.

823 — Groupe en ivoire sculpté, présentant la Vierge et l'Enfant; base en bois mou-luré à quatre montants renfermant une sphère. Commencement du xviiie siècle.

824 — Buste de saint, les épaules drapés, les cheveux tombants, en ivoire sculpté, sur socle en bois. xviie siècle.

825 — Buste du Christ en ivoire sculpté, sur base en porphyre. xviie siècle.

826 — Bas-relief ovale en ivoire sculpté, pré-sentant un profil de faunesse.

827 — Râpe à tabac en ivoire sculpté, à sujet mythologique encadré de motifs décoratifs, tels que trophées de drapeaux, armure, mascarons, guirlandes et coquilles. Epoque Louis XIV.

828 — Couvercle de boîte en ivoire sculpté, présentant un buste de femme.

829 — Pinceau, dans son étui, en ivoire sculpté, composé de trois parties à sujet de figures et d'ornements divers. xviiiᵉ siècle.

830 — Quatre petits ivoires : Étuis ajourés, petite boîte forme tonneau et pompon à fard dans son étui ovoïde.

BONBONNIÈRES

COFFRETS, MINIATURES

ÉVENTAILS, ÉMAUX

OBJETS DE VITRINES ET DIVERS

831 — Petite bonbonnière rectangulaire en or guilloché, à dessin de cubes et rosaces; le couvercle doublé d'un miroir. xviiiᵉ siècle.

832 — Petite bonbonnière ronde en or guilloché, avec rosace au centre et torsade au pourtour. xviiiᵉ siècle.

833 — Petite boîte à mouches, de forme ovale, en argent gravé. xviiiᵉ siècle.

834 — Trois petits étuis et boîte en filigrane
d'argent. xviiie siècle.

835 — Tabatière, forme coquille, en écaille
brune avec incrustation d'or en pointillé.

836 — Tabatière rectangulaire en écaille brune;
le couvercle orné d'une mosaïque à sujet de
chasse. Commencement du xixe siècle.

837 — Bonbonnière circulaire en écaille brune;
le couvercle orné d'une miniature d'après
Vigée Le Brun : Jeune fille accoudée sur
une table et lisant.

838 — Bonbonnière circulaire en écaille blonde
incrustée d'or ; couvercle à rosace rayon-
nante entourée d'une ceinture de rinceaux.

839 — Boîte circulaire en écaille blonde incrustée d'or de deux couleurs, ornée au
couvercle d'une rosace avec entourage
d'entrelacs.

840 — Boîte en écaille blonde piquée d'or, à
semis d'étoiles.

841 — Tabatière, forme coquille, en écaille
incrustée d'argent.

842 — Trois bonbonnières circulaires variées
en bois doublé d'écaille.

843 — Bonbonnière circulaire en corne, le couvercle orné d'une gouache d'après BOUCHER : Le Berger entreprenant.

844 — Bonbonnière circulaire en corne, le couvercle orné d'un médaillon à sujet de trois personnages, en biscuit de Weedgwood.

845 — Boîte en corne à double fond, présentant une miniature de femme.

846 — Boîte en corne, couvercle décoré au vernis d'un paysage. Commencement du XIXᵉ siècle.

847 — Boîte circulaire en ivoire doublée d'écaille ; le couvercle orné d'une miniature de femme.

848 — Petite boîte ovale en ivoire gravé, à sujets flamands.

849 — Boîte rectangulaire en ivoire sculpté, à sujet de chasse et rinceaux ; couvercle en os présentant une pastorale. XVIIIᵉ siècle.

850 — Boîte ovale en ivoire sculpté ; le couvercle présentant, en bas-relief, un dieu mythologique dans son char. XVIIIᵉ siècle.

851 — Boîte circulaire en ivoire, présentant au couvercle un sujet en camaïeu : Jeux d'amours.

852 — Petit étui en ivoire, renfermant une sorte de campanile ajouré.

853 — Boîte ovale en galuchat renfermant une peinture : La Femme au masque. xviiie siècle.

854 — Petit nécessaire en galuchat, renfermant deux flacons, un entonnoir et un petit miroir, avec montures d'argent. xviiie siècle.

855 — Boîte en émail de Saxe, forme oiseau ; monture cuivre.

856 — Tabatière en ancien buis sculpté, présentant une figurine d'amour.

857 — Petit coffret en bois laqué et partiellement doré.

858 — Coffret en bois, décoré au vernis, de volatiles et rinceaux fleuris sur fond jaune.

859 — Coffret rectangulaire en marqueterie, à fleurs.

860 — Coffret de toilette en bois de rose, à marqueterie de losanges, renfermant quatre flacons et un entonnoir. xviiie siècle.

861 — Miniature, de forme ovale, présentant un profil de femme blonde, les cheveux tombant sur les épaules, un manteau rouge drapé découvrant le sein droit ; étui carré en cuir gaufré à dorure. xviiie siècle.

862 — Miniature ovale dans un cadre en or : Portrait d'un marquis.

863 — Miniature de femme coiffée d'un bonnet, dans un écrin en chagrin.

864 — Miniature de femme coiffée d'un bonnet à rubans bleus et vêtue d'une robe rouge.

865 — Miniature de l'école révolutionnaire : Portrait de femme vêtue d'un fichu blanc.

866 — Miniature présentant un portrait de femme en toilette blanche et portant un collier de perles. Époque Empire.

867 — Miniature dans un cadre en bois mouluré. Portrait d'un Seigneur. xviiie siècle.

868 — Miniature : portrait d'Homme, de l'École de 1830, dans un étui ovale en cuir gaufré à dorure.

869 — Miniature circulaire : le Vieux jaloux. xviiie siècle.

870 — Miniature circulaire, à sujet allégorique, dans un cadre en cuivre.

871 — Douze petits sujets variés : Miniatures, émaux, fixés et mosaïques, présentant des paysages, portraits et scènes diverses. XVIIIe siècle.

872 — Petite peinture ovale sur cuivre : Portrait d'un seigneur, cadre en bois mouluré.

873 — Petite peinture circulaire : Réunion musicale et dansante dans un Parc, d'après WATTEAU, cadre mouluré en cuivre.

874 — Petite peinture ovale sur cuivre : Tête de femme, dans un cadre en bois mouluré.

875 — Petite gouache circulaire de l'École française, présentant un paysage avec cavaliers.

876 — Feuille d'enluminure, provenant d'un livre d'heures et présentant la Vierge et l'Enfant.

877 — Onze petits cartons, présentant des médaillons peints : Portraits de souveraines et personnages historiques de différentes époques.

878 — Éventail à monture en ivoire ajouré et partiellement doré, feuille à réserve de pastorale sur fond décoré de fleurs, guirlandes et paillettes.

879 — Éventail à monture d'ivoire partiellement doré, feuille à réunion de personnages dans un site accidenté baigné d'une rivière.

880 — Éventail à monture d'ivoire ajouré et peint ; feuille à réunion de personnages dans la campagne.

881 — Éventail à monture d'ivoire ajouré et partiellement doré ; feuille à sujet de danses près d'un socle architectural. xviiie siècle.

882 — Émail peint de Limoges, provenant d'un couvercle de boîte et présentant un paysage accidenté ; au revers, Arlequin et Pierrot.

883 — Émail peint de Limoges, provenant d'un couvercle de boîte et présentant une scène galante ; au revers, un portrait de femme tenant un perroquet, xviiie siècle.

884 — Émail peint de Limoges : Portrait d'un homme levant les bras vers le ciel. Cadre circulaire en bois doré.

885 — Émail peint de Limoges, présentant la figure du Christ. Cadre en bois sculpté.

886 — Émail peint de Limoges, représentant une sainte femme pleurant devant le Crucifié. Cadre en bois sculpté.

887 — Émail rectangulaire : Andromède. Cadre
en bois sculpté.

888 — Plaque en émail peint de Limoges,
représentant saint Jean-Baptiste, en grisaille
et dorure sur fond noir.

889 — Plaque en émail de Limoges : Ermite
dans la forêt.

890 — Tasse et sa soucoupe en émail de Limoges, à réserves de figures sur fond brun
décoré d'arabesques.

891 — Petit plat ovale en ancien émail, à fleurs
en camaïeu bleu sur fond blanc.

892 — Moutardier en ancien émail, à fleurs en
camaïeu bleu sur fond blanc; monture en
cuivre.

893 — Moutardier en ancien émail à fleurs et
dorures, posant sur trois pieds.

894 — Paire de flambeaux en ancien émail de
Chelsea.

895 — Magot en pierre de lard.

896 — Figurine de Chinois étendu près d'un
chien, en ancienne pierre de lard.

897 — Petit groupe en ancienne pierre de
lard : Scène dans un palais.

898 — Chien de Fô en ancienne matière dure de la Chine.

899 — Petit groupe d'animaux en jade.

900 — Gobelet en cristal taillé et partiellement doré à guirlandes et petits lambrequins ; autre à pans et décor en dorure de bergère et moutons.

901 — Deux grands gobelets en cristal taillé à fleurs ; verre à pied, même matière, marqué d'un chiffre ; deux autres gobelets de différentes grandeurs en cristal à dorure.

902 — Deux petits flacons à odeur en cristal taillé. Bouchons en argent. Époque Empire.

903 — Flacon à odeur en cristal; monture en bronze argenté.

904 — Coffret en cristal; monture bronze doré à fleurs et coquilles. Époque Restauration.

905 — Couteau à lame d'argent, manche en nacre incrustée de métal présentant des personnages. xviiie siècle.

906 — Couteau à lame d'acier, manche à garniture en argent doré, orné de petites rosaces. xviiie siècle.

907 — Couteau à lame d'acier, manche en nacre incrusté de burgau et d'or. xviiie siècle.

908 — Couteau à lame et monture d'or ; manche en nacre. xviiie siècle.

909 — Deux couteaux à manches d'agate à pans, l'un à lame d'or et l'autre à lame d'acier. xviiie siècle.

910 — Petit porte-mine en or dans son étui en galuchat. xviiie siècle.

911 — Deux petits magots en argent repoussé et doré.

912 — Plaquette ovale en argent repoussé, présentant, en bas relief, le Triomphe de Vénus.

913 — Broche, formée d'un petit fixé ovale, et présentant un paysage. Monture en bronze.

914 à 916 — Huit bijoux normands en argent, ornés de cailloux du Rhin et de pierres de couleurs : plaques, pendentifs, Saint-Esprit, croix, etc. (Seront divisés.)

917 — Empreinte de cachet en corne, présentant le profil de Louis XIV.

918 — Dix petites pièces variées : Camées et intailles formant bas-reliefs et cachets.

919 — Vingt-cinq boutons en cuivre gravé
à stries. Bords à fleurettes. Epoque
Louis XVI.

920 — Dix-huit boutons en cuivre gravé, présentant des sujets chasse. xviiie siècle.

921 — Douze anciens boutons en métal repoussé
et doré, à motifs rayonnants.

922 — Petit sujet en corail sur base en cristal
de roche : Jonas sortant de la baleine.

923 — Bas-relief en cire rouge appliqué sur
ardoise, présentant un bélier.

924 — Figurine en plâtre de jeune fille endormie, d'après PRADIER.

925 — Deux bustes en plâtre : Voltaire et
J.-J. Rousseau. (Surmoulages anciens.)

926 — Petit recueil : Calendrier de la Révolu-
tion ; reliure en cuir gaufré à fleurs.

927 — Petit recueil : Apologie de la Tendresse
ou le Pouvoir de l'Amitié, orné de gravures en noir.

928 — Petite pochette en tissage de perles ;
petite sacoche en velours brodé.

929 — Deux coussins couverts de tapisserie au
point, à personnages et ornements divers.

BRONZES

CUIVRE, ARGENT, MÉTAL

PENDULES

930 — Horloge d'applique et son socle en marqueterie de cuivre sur écaille, avec ornements de bronze, tels que : culots à
cannelures, mascarons de femmes, motifs à
volutes et rinceaux ; la partie antérieure
est ornée d'une bacchante drapée et le
fronton présente une figurine d'enfant tenant
un oiseau. xviie siècle.

931 — Pendule religieuse en écaille, ornée de
bronzes, tels que : cariatides de femme,
vases et motifs à volutes. Le cadran, en
cuivre ciselé et gravé, porte la marque de
Thuret à Paris. xviie siècle.

932 — Pendule en bronze ciselé et doré ; le
cadran surmonté d'armes, faisceaux de
drapeaux, guirlandes et casque, est accosté
de deux enfants guerriers ; base à moulures
et colombes ; socle en bois noir orné de
bronzes. Époque Louis XVI.

933 — Pendule en bronze ciselé et doré, surmontée d'un vase de flammes à anses-serpents et flanquée de cornes d'abondance ; le cadran est entouré de palmes et nœuds de rubans ; base en marbre blanc à bas-reliefs d'amours.

934 — Pendulette en bronze ciselé et doré, surmontée d'un vase et flanquée de palmes et drapeaux ; le socle est orné des attributs de la Guerre et de la Musique.

935 — Pendule en marbre blanc et bronzes, le cadran surmonté d'un aigle enguirlandé et accosté d'amours est supporté par deux colonnes à cariatides volutes et vases ; base à bas-reliefs et rangs de perles. Époque Directoire.

936 — Paire de candélabres à deux lumières et formant cassolette au centre, en bronze ciselé et argenté. Époque Louis XVI.

937 — Paire de candélabres à deux lumières en bronze ciselé et doré, modèle à vases de flammes, guirlandes et médaillons ; tige et base à cannelures. Style Louis XVI.

938 — Paire de flambeaux en bronze ciselé et doré ; tige à pans présentant des masques et des cariatides ; base circulaire à lambrequins et rinceaux. Époque Louis XIV.

939 — Paire de flambeaux en bronze argenté
à torsades et feuillages contournés. Epoque
Louis XV.

940 — Paire de flambeaux en bronze argenté à
décor de rocailles ; tige à feuillage, base circulaire à moulures. Époque Louis XV.

941 — Paire de flambeaux en bronze patiné et
doré, présentant un homme et une femme
drapés soutenant une tige fleurie ; socle
cylindrique en marbre vert à mascaron et
draperies ; base à cannelures et rangs de
perles. Fin du XVIIIᵉ siècle.

942 — Paire de petits flambeaux en bronze
argenté, à cannelures et rangs de perles.
Époque Louis XVI.

943 — Paire de flambeaux bas en bronze ciselé
et argenté à cannelures. Époque Louis XVI.

944 — Paire de flambeaux en bronze argenté,
fût à cannelure, base circulaire moulurée.
Époque Directoire.

945 — Flambeau en bronze argenté, à pieds-
griffes. Époque Directoire.

946 — Paire de petites cassolettes en verre fumé ;
monture en bronze à trépied et mascarons
posant sur socle circulaire en bois. Fin du
XVIIIᵉ siècle.

947 — Paire d'appliques à une lumière en
bronze ciselé et doré à mascarons. Époque
Louis XIV.

948 — Paire d'appliques à deux lumières, en
bronze ciselé et doré, modèle à vase drapé
et tête de bélier. Époque Louis XVI.

949 — Paire d'appliques à deux lumières en
bronze ciselé et doré, à branchage et
feuilles.

950 — Paire de chenets en bronze ciselé et
doré : L'un présente un jeune garçon avec
un chien ; l'autre, une fillette avec un che-
vreau. Chaque figure est posée sur un
motif à rocaille avec balustrade, vase et
pomme de pin et abritée par un arceau de
feuillage. Époque Louis XV.

951 — Paire de chenets en bronze ciselé ; et
doré ; modèle à vase de fleurs et présentant
des personnages chinois sur des rocailles.
Époque Louis XV.

952 — Paire de chenets en bronze ciselé ; modèle à rocailles et vase. xviiie siècle.

953 — Deux bustes de jeune garçon et de
fillette en bronze argenté, les épaules
drapées d'étoffe ; piédouche en bois mouluré. xviiie siècle.

954 — Deux bustes en bronze patiné sur piédouche en cuivre et socle en marbre rouge:
Henri IV et Gabrielle d'Estrées.

955 — Buste, en bronze ciselé, d'homme en
cuirasse, la tête couronnée de laurier.
Époque Louis XIV.

956 — Buste de Marie-Antoinette en bronze.

957 — Deux statuettes d'hommes, en bronze
patiné, vêtus à l'antique, sur bases cylin-
driques en cuivre ciselé et ornées d'attributs. En partie du xviiie siècle.

958 — Statuette en bronze patiné, représentant
la Fortune. Fin du xvie siècle.

959 — Figurine en bronze de Jeune enfant
drapé et jouant de la flûte. xviiie siècle.

960 — Paire de figurines d'Amours en bronze
patiné sur des rocailles en bronze doré ;
socle en marbre bleu-turquin et marbre
blanc à perles et chaînettes. xviiie siècle.

961 — Figurine de Mercure en bronze ciselé
et gravé ; base en onyx.

962 — Statuette de personnage mandchou à
cheval sur un cerf, en bronze patiné de la
Chine.

963 — Figurine de personnage mandchou en ancien bronze patiné.

964 — Deux figurines de chevaux cabrés en bronze patiné. Base rectangulaire en marbre cervelas. Commencement du xviiie siècle.

965 — Figurine de cheval cabré en bronze patiné. Époque Louis XIV. (Base rectangulaire en bois.)

966 — Groupe en bronze patiné : Amour tirant de l'arc, debout sur une licorne. Base ovale en marbre bleu-turquin à rang de perles. xviiie siècle.

967 — Dragon en ancien bronze patiné de Chine.

968 — Crabe-brûle-parfums en ancien bronze de Chine.

969 — Monstrance, en bronze ciselé et doré, dominée par le Christ en croix et entourée de mascarons d'anges dans un rayonnement ; base à figures, feuillage et fruits.

970 — Boîte ovale en bronze patiné, renfermant un aimant ; couvercle à rayonnement.

971 — Série de poids renfermés dans un récipient en bronze ciselé et gravé, présentant divers décors et muni d'une anse à cariatides. Époque Renaissance.

972 — Deux têtes de patères, de forme circulaire, en bronze ciselé, présentant en bas-relief un amour au chien. Époque Empire.

973 — Trois motifs variés, en ancien bronze patiné et doré : Amour, Vestale et Buste d'Henri IV.

974 — Motif de bronze, présentant, en bas relief, Cérès dans un groupe allégorique. xviiie siècle.

975 — Lot d'anciens bronzes variés pour garniture de meubles : poignées, chutes et autres. (Sera divisé.)

976 — Paire de flambeaux, en cuivre, à rang de feuilles. xviiie siècle.

977 — Ancienne sonnette en cuivre ciselé.

978 — Paire de flambeaux en argent, tige à pans ; base à rayonnements obliques, moulures et coquilles. xviie siècle.

979 — Paire de flambeaux en argent à torsades et moulures. Epoque Louis XV.

980 — Paire de flambeaux en métal argenté à fût cylindrique et rang de perles. Epoque Louis XVI.

981 — Paire de candélabres à deux lumières en métal argenté, à pans et boule. Epoque Directoire.

982 — Ancienne boussole-cadran solaire en métal gravé, dans son étui en peau.

983 — Paire d'appliques à deux lumières en fer forgé et peint, figurant un rameau de feuillage et ornées de fleurettes en porcelaine de Saxe.

984 — Coffret en fer forgé, partiellement décoré au vernis. En partie d'époque Renaissance.

985 — Figurine de femme étendue en fonte.

986 — Plat long et plat rond en ancien étain, à bords moulurés.

987 — Trois petits plats en étain, présentant, au centre et au pourtour, des scènes diverses dont l'histoire d'Adam et Eve.

MEUBLES

988 — Commode en bois de rose, ornée de
bronzes ciselés et dorés, tels que : poignées, serrures, chutes, sabots et cul-de-
lampe, munie de trois rangs de tiroirs et
couverte d'un marbre brèche. Elle porte
l'estampille de *P. Roussel*. Époque Louis XV.

989 — Commode en palissandre, ornée de bronzes ciselés et dorés, tels que : entrées de
serrures, poignées, filets et chutes, munie
de trois rangs de tiroirs et couverte d'un
marbre brèche. Fin de l'Époque Régence.

990 — Commode en ronce d'amboine et palissandre, ornée de bronzes à mascarons et
munie de quatre rangs de tiroirs. Epoque
Régence.

991 — Commode en palissandre, ornée de bronzes, munie de trois rangs de tiroirs et posant sur pieds à sabots. Époque Régence.

992 — Commode en marqueterie de bois de rose
et de violette à cubes, ornée de bronzes ciselés
et dorés, tels que chûtes, sabots, serrures,
poignées et culs de lampe. Elle est couverte
d'un marbre portor. Époque Louis XV.

No 932

No 998

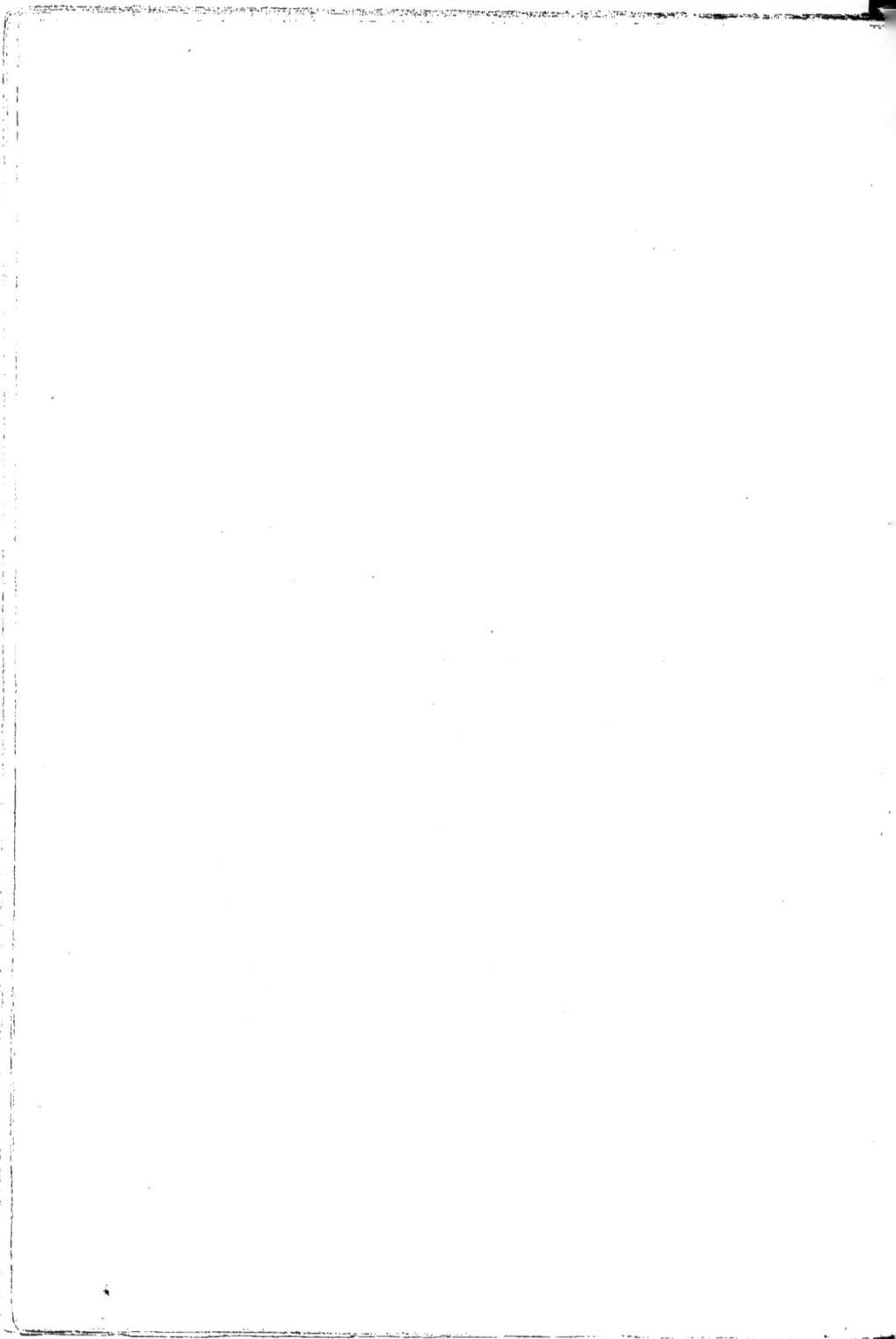

993 — Commode en marqueterie de bois de
placage munie de deux tiroirs, ornée de
bronzes et couverte d'un marbre Sainte-
Anne ; elle porte le poinçon de maître
ébéniste et la signature de *A. Cailleux*.
Époque Louis XV.

994 — Petite vitrine en chêne mouluré, forme
tabernacle. xviiie siècle.

995 — Vitrine en hauteur en bois de rose à
filets, ouvrant à deux portes et couverte
d'un marbre Sainte-Anne. Époque Louis XVI.

996 — Chiffonnier, formant petit bureau, en
marqueterie de bois de couleur, orné de
bronzes et couvert d'un marbre rose veiné.
Époque Louis XVI.

997 — Petit meuble-chiffonnier en marqueterie de bois, à fleurs et filets, muni de
quatre tiroirs, d'une tablette d'entrejambe
et couverte d'un marbre cervelas.

998 — Secrétaire en bois satiné, bois de rose
et bois de violette, ceinturé de moulures
en cuivre et couvert d'un marbre bleu-turquin à galerie. Époque Louis XVI. Il est
orné en outre, à la partie supérieure, de
rinceaux de feuillages ; en haut et en bas,
de rangs de rosaces, et, sur les faces, d'en-
cadrements à feuilles d'eau.

999 — Secrétaire en bois de rose, surmonté d'une vitrine haute fermant à une porte. Il est muni d'un abattant et de deux portes dans le bas. Époque Louis XV.

1000 — Armoire en bois de placage ornée de bronzes. Elle est munie d'une porte foncée de glace, d'une tirette, de trois tiroirs et couverte d'un marbre Sainte-Anne.

1001 — Petite table-bureau rectangulaire en acajou, couverte d'un cuir brun. Époque Louis XVI.

1002 — Bureau à dos d'âne en marqueterie de bois de couleur, à quadrillages, orné de bronzes, muni d'un abattant, de trois tiroirs, et posant sur pieds cambrés. Époque Louis XV.

1003 — Bureau à dos d'âne en marqueterie de bois à rosaces et losanges, orné de bronzes, tels que chutes et galeries, et posant sur pieds cambrés. Époque Louis XV.

1004 — Bureau à cylindre en acajou, orné de cuivres, muni de deux tiroirs, de deux portes à glace et couvert d'un marbre blanc à galerie. Époque Louis XVI.

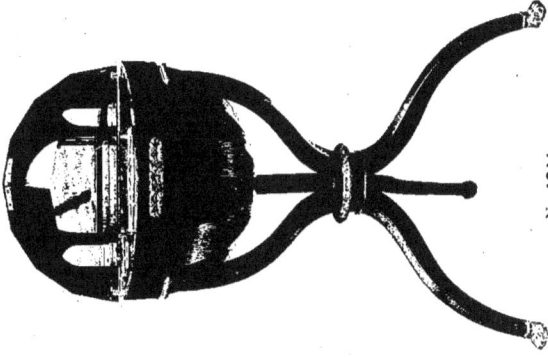

No 1014

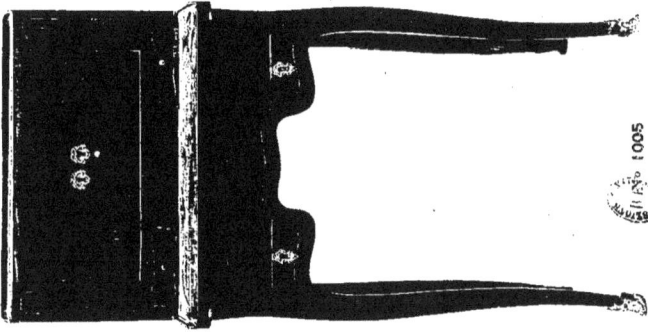

No 1005

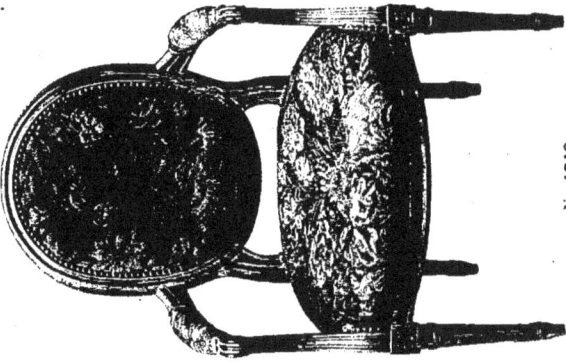

No 1019

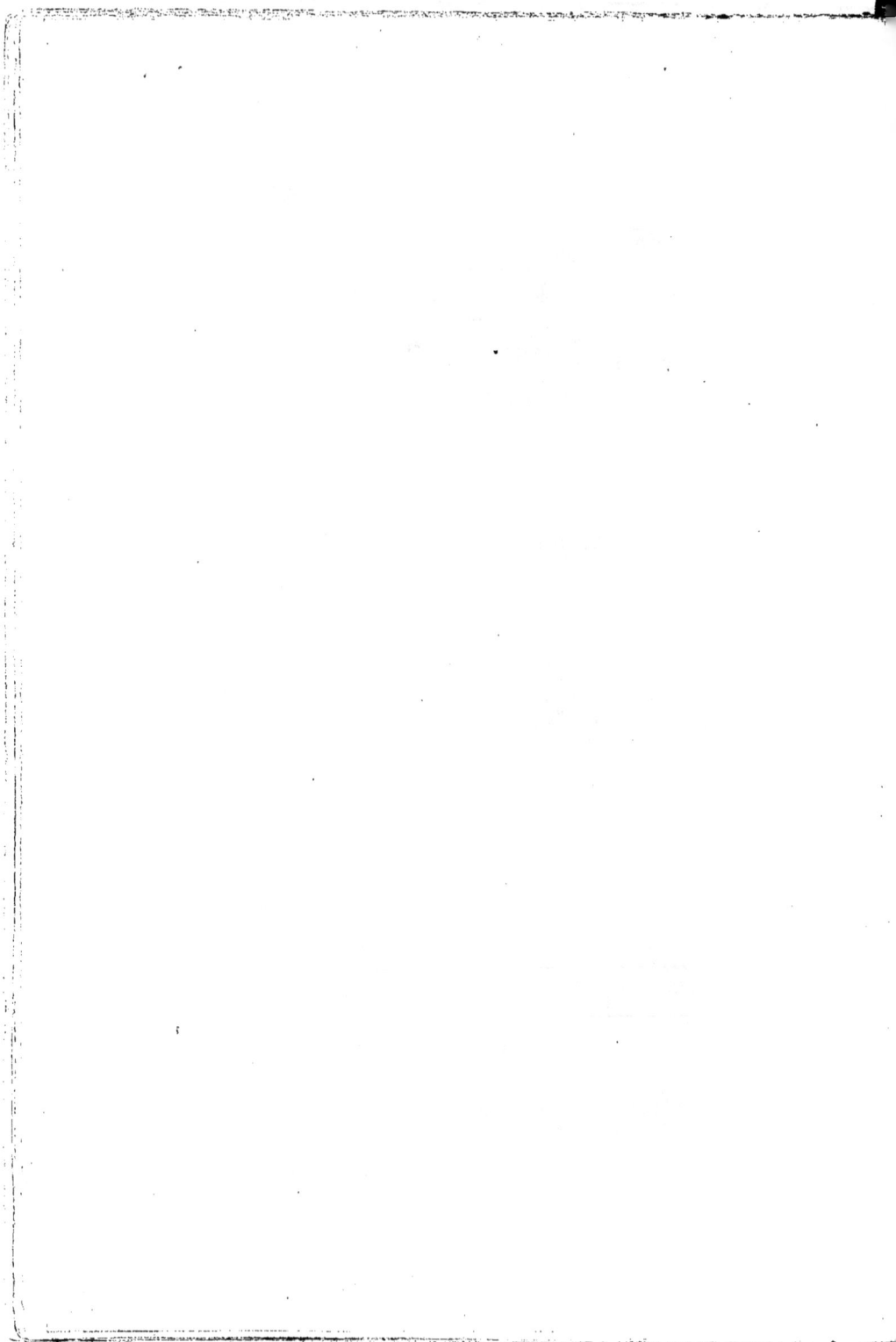

1005 — Petit bureau de dame en bois de rose muni d'un abattant, de quatre tiroirs, et à la partie supérieure d'un casier à portes coulissées. Époque Louis XV.

1006 — Petite console demi-lune en acajou, munie d'un tiroir, d'une tablette d'entre-jambe et couverte d'un marbre veiné.

1007 — Console en bois sculpté et redoré, à décor de médaillons ajourés, motifs à volutes et fleurs ; enroulement de dragons sur les pieds qui sont munis de mascarons et d'un entrejambe à bouquets et coquille ; dessus en marbre rouge. Époque Régence.

1008 — Petite console en acajou, ornée de bronzes, munie d'une tablette d'entrejambe et couverte d'un marbre blanc à galerie. Époque Louis XVI.

1009 — Encoignure en bois de rose, angles à pans, dessus en marbre veiné. Époque Louis XVI.

1010 — Encoignure en marqueterie de bois de rose, violette et amarante, ornée de bronzes et fermant par deux portes à profil galbé. Époque Louis XV. (Elle est couverte d'un marbre blanc.)

1011 — Deux petites encoignures en bois de placage, ornées de bronzes et couvertes de marbres. Époque Louis XVI.

1012 — Petite table en marqueterie de bois, munie de trois tiroirs. Époque Louis XVI.

1013 — Table poudreuse en marqueterie de bois de rose, ornée de bronzes. Époque Louis XV. Elle renferme d'anciens flacons de cristal, certains à bouchons d'or, et un lot de treize pots à pommade de différentes grandeurs en porcelaines de Mennecy, Tournai et Lille.

1014 — Table à ouvrage, forme sphère, en bois satiné, posant sur trois pieds cambrés à griffes réunis à mi-hauteur par une collerette de bronzes à godrons ; l'intérieur en bois d'amboine et marqueterie, est garni de casiers, tiroirs et foncé de glace. Fin de l'Époque Empire.

1015 — Grand coffret de toilette en bois marqueté d'ivoire, renfermant différentes boîtes et une monture de miroir. Décors de fleurs et rinceaux. Ancien travail italien.

1016 — Ecran en acajou ; feuille en tapisserie au petit point, à panier fleuri et attributs du jardinage, avec entrelacs de rubans et branchages.

1017 — Petit écran, formant bureau, en acajou, orné d'un rang de perles en bronze. Époque Louis XVI.

1018 — Petit modèle de coiffeuse en marqueterie de bois de placage, munie de tiroirs.

1019 — Trois fauteuils en bois laqué gris, à dossiers-médaillons moulurés ; bras et pieds cannelés et ceinture à rosaces ; ils sont couverts d'ancienne tapisserie au point à fleurs et feuilles sur fond noir et portent l'estampille de J. DE LAUNAY. Époque Louis XVI.

1020 — Objets omis.

www.ingramcontent.com/pod-product-compliance
Lightning Source LLC
Chambersburg PA
CBHW052052090426

42739CB00010B/2148